Architektur

neues
Stuttgart

Carola Franke-Höltzermann

Stuttgarter Baukultur 1996–2006
mit einem Vorwort von Werner Durth

Verlagshaus Braun

Inhalt | Contents

Stadt Lesen.
Architektur als Zeitgeschichte

Stuttgart ist stets eine Reise wert. Wer es liebt, Städte zu besuchen und sich in ihnen auf eine Zeitreise durch ihre Geschichte zu begeben, um schließlich an neuesten Bauten und Projekten auch Einblicke in die Zukunft gewinnen zu können, wird hier seine Freude haben. Umgeben vom grandiosen Panorama der Hügellandschaft um den nur nach Norden geöffneten Talkessel, finden sich im Zentrum der Landeshauptstadt Baden-Württembergs dicht nebeneinander bemerkenswerte Gebäude aus allen Epochen der Stadtgeschichte, die vom Aufbruch und Umbruch der Zeiten berichten. ■ Nach den Reformbewegungen um 1900 wurde die Stadt zu einem Laboratorium der Moderne, in produktivem Kontrast zwischen regionalen Traditionen und internationalen Tendenzen des Neuen Bauens. Von den Zerstörungen des Zweiten Weltkriegs verheerend getroffen, wurde das Stadtbild nach 1945 durch mutige Zeichen einer wieder und neu belebten Moderne geprägt, die sich in den folgenden Jahrzehnten auch in anderen Bereichen der Stadtregion phantasievoll weiter entfaltete, während man an markanten Orten in der Stadtmitte regionale Bautraditionen aufgriff. An herausragenden Bauten von eigenständiger Qualität kann man exemplarisch die Phase der Postmoderne studieren – und nebenan die Spuren der Stadterneuerung, die der Phase des Kahlschlags im Wiederaufbau folgte. ■ So lassen sich im Bild der Stadt vielerlei Lernprozesse nachlesen, in denen von Generation zu Generation zeitgebundene Erfahrungen weitergegeben, geprüft und auch verworfen wurden, um durch wechselnde Zukunftsentwürfe immer wieder erneut die Hoffnung auf Veränderung zum Besseren gebaute Gestalt zu geben. Wenn heute auf den Brachen und an den Rändern ehemaliger Industrie-, Kasernen- und Verkehrsanlagen belebte Stadtteile entstehen, wenn Straßentunnel zu Kunstgalerien und Maschinenhallen zu Kulturzentren umgebaut werden, wird Architektur gleichermaßen zum Abbild gesellschaftlichen Wandels und individueller Erfindungskraft, die in dieser Region eine lange Tradition hat. ■ Kein Zufall, dass gerade in Stuttgart die enge Verbindung ästhetischer Innovation und technischer Präzision im Bauen zu Höhepunkten zeitgenössischer Architektur geführt hat. Und dies in einer bemerkenswerten Vielfalt der Formen, die sich dem liberalen Geist einer weltoffenen Stadtbürgerschaft verdankt. Solche Vielfalt auch im Heute zu entdecken und darin Wege zu künftigem Bauen zu finden, regt dieser Architekturführer an. Wer ihn liest und dabei die Stadt in ihren historischen Schichten erkundet, kann auf Straßen und Plätzen die Orte lesen wie Kapitel eines Romans, der höchst anschaulich von Trauer und Hoffnung, Glück und Versagen der Menschen erzählt.

Werner Durth

Reading the City.
Architecture as Contemporary History

Stuttgart is always worth a visit. People who love to visit cities and to embark on a journey through time through their history within them in order to ultimately also gain insights into the future due to the newest buildings and projects will be happy when visiting this city. Surrounded by the magnificant panorama of the hilly landscape around the valley basin only open to the north, remarkable buildings from all epochs of the city's history can be found in close juxtaposition and report upon the departures and radical changes over the ages. ■ The city became a laboratory of modernism following the reform movements at the end of the 19th century, in a productive contrast between regional traditions and the international new construction trends. Devastated by the destruction of the Second World War examples of a reinvigorated form of modernism were set once again after 1945, which were imaginatively further developed in the following decades. Even the phase of post-modernism in the architecture can be seen in buildings of autonomous quality, whilst traces of city renewal can be simultaneously traced, which followed the phase of demolition during the reconstruction work. ■ Thus one can read about learning processes that have been constructed within the cityscape, in which time-related experiences are passed on from generation to generation, tested and also rejected in order to also repeatedly set the hope for changes for the better in stone by means of new future drafts. If lively city districts are now created on the fallow land and on the edges of former industrial, barrack sites and traffic facilities, if street tunnels are converted into art galleries and machine halls into cultural centres, then architecture can also be seen as being a reflection of social changes and individual inventiveness, which has a tradition in this region. ■ It is no coincidence that the close links of aesthetical innovation and technical precision in the construction work in Stuttgart in particular has led to outstanding examples of contemporary architecture. And this is present in the remarkable diversity of the forms, which are due to the liberal spirit of a cosmopolitan city community. This architecture guide encourages you to also continue discovering this kind of diversity in the present. People who read it and discover the city in terms of its historical layers in the process, can read the places on streets and squares like chapters of a novel, which very attractively relates the grief and hope, happiness and failure of the city's population.

Werner Durth

Mitte

Handwerkskammer Region Stuttgart

Heilbronner Straße 43

Mitte

Der Entwurf sah zunächst nur eine Aufstockung und Modernisierung des von Paul Stohrer – einem der wichtigsten Vertreter der Stuttgarter Nachkriegsarchitektur – entworfenen Verwaltungsbaus aus den 60er Jahren vor. Die Entscheidung, den zunächst als zweiten Bauabschnitt vorgesehenen Erweiterungsbau zeitgleich zu realisieren, eröffnete der Handwerkskammer ganz neue Möglichkeiten, sich an diesem auch durch die Nähe zum Stadtquartier Stuttgart 21 interessanten Standort zu präsentieren. ■ Verbindendes Element zwischen Alt- und Neubau ist ein großzügiges Foyer sowie ein multifunktionaler Veranstaltungsraum, der durch eine modellierte Raumhülle überspannt wird. Die flächenbündige doppelschalige Fassade des Neubaus bietet Schallschutz und schafft zusammen mit der hellen Natursteinbekleidung eine präzise Konturierung. Behutsamkeit kennzeichnet die Modernisierung und die eingeschossige Aufstockung des Stohrer-Baus, bei der die vorhandene Fassadengliederung mit Betonfertigteilen fortgeschrieben wird. Der aufgewertete Altbau lässt mit seiner Erweiterung und deren markanter Gebäudespitze ein zeitgemäßes Erscheinungsbild der Handwerkskammer an diesem exponierten Standort entstehen.

The old and new buildings are connected by a foyer and an events room which is spanned by a modelled room hull. The double shell facade of the new building offers insulation from noise and creates, together with light coloured natural stone, a precise contour. Cautiousness characterises modernisation and adding storeys to the building. Here, the existent structure of the facade with prefabricated concrete parts is continued.

Architekten | architects:
KBK Architekten. Belz Kucher Lutz, Stuttgart

Bauherr | builder-owner:
Handwerks- kammer Region Stuttgart

Bauzeit | construction time:
2003–2005

Foto | photo:
KBK Architekten

9

Landesbank Baden-Württemberg
LBBW Häuser 3–6

Mitte

Pariser Platz 1 | Heilbronner Straße 26

Architekten |
architects:
wwa + wma
Wöhr Mieslinger,
Stuttgart/
München

Bauherr |
builder-owner:
LBBW
Landesbank
Baden-
Württemberg

Bauzeit |
construction time:
2001–2004

Foto | *photo*:
H. G. Esch, Hennef

Auf dem neuen städtebaulichen Entwicklungsgebiet für Stuttgart 21 sind vier Einzelgebäude für die Landesbank entstanden. Der Städtebau folgt dem Bild der europäischen Innenstadt von Block und Straße. Die beiden siebengeschossigen Gebäude bilden durch ihr gemeinsames Dach eine Piazzetta, die das städtische Leben in die Bürokomplexe integriert. Der urbane Charakter der Fassaden zu den öffentlichen Straßen wird durch deren Tiefe und durch die Materialien Kalkstein, Sichtbeton und weiß glasierte Keramikplatten hervorgehoben. Bei den Hoffassaden steht der maximale Glasanteil und der damit verbundene Blick in die begrünten Innenhöfe im Vordergrund. Die dort angegliederten Treppen und Aufzüge führen die Nutzer im Verlauf eines Arbeitstages immer wieder aus den Bürobereichen in die grünen Zonen. ■ Aus Sicht der Heilbronner Straße dominiert das Hochhaus mit seiner markanten scharfen Kante das Bild. An den spitz zulaufenden, im Grundriss dreieckigen Bürotürmen kragt sich rückseitig ein Sockelbau an. Das Hochhaus zeigt sich als Stadtzeichen am nördlichen Zugang zur Innenstadt. Die zweigeschossigen Räume in der transparenten Spitze bilden einen besonderen baulichen Akzent.

Construction of the three bank buildings follows the picture of the typical European inner city of blocks and streets. Two seven storey buildings form a Piezzetta with their common roof. This integrates city life in the office complexes. The picture is dominated by the high rise with markedly sharp edges. It is a triangular office tower that tapers off at the top and has a pedestal construction attached to its rear.

Lageplan | site plan

Kronen Carré

Kronenstraße

Architekten |
architects:
Auer + Weber +
Partner, Stuttgart
Partner Götz
Guggenberger

Bauherr |
builder-owner:
SV-Versicherungen
AG, Stuttgart

Bauzeit |
construction time:
1997–2001

Foto | photo:
Roland Halbe,
Stuttgart

Bei der Neugestaltung des Carrés wurden wesentliche Bauteile der 1950er- und 60er Jahre erhalten. Ein Quartier mit eigener Identität und Prägnanz zu schaffen war das städtebauliche Ziel. ■ Bestand und Ergänzungsbauten definieren das Quartier auf neue Weise nach außen und innen, indem die Eck- und Zugangssituationen architektonisch hervorgehoben wurden und sich zu einem offenen Gartenhof orientieren. Daran schließen sich auf Straßenniveau Läden und Gastronomie an. ■ Charaktervolle Bauten wie das „Gelbe Haus" aus den 50er Jahren kommen neu zur Geltung. Fassaden sind unterschiedlich ausgeformt und gegliedert. ■ In seiner Farbigkeit unterstreicht das Kronen Carré die architektonische Absicht, dem Quartier eine unverwechselbare Identität zu verleihen. Die kühlen Fassadentöne zur Straße hin vermitteln das Bild einer zeitgemäßen Arbeitswelt, während zur Innenhofseite warme Farben eine eher wohnliche Stimmung erzeugen. Das Gelb des Volkart'schen Baus wurde originalgetreu auf die neuen Fassaden übertragen. Ein gut proportionierter grüner Innenbereich mit lichter Empfangshalle um einen gefassten Gartenhof bildet einen Blickfang für Besucher.

During redesign of the Kronen Carré, parts from the 1950's and 1960's were retained. Together with the supplementary buildings, they redefine the area in that the corner and access situations are emphasised architecturally. The new colourfulness gives the area its own unmistakable identity. Cool shades of colour on the facade to the street convey the picture of a contemporary world of work while warm colours on the side facing inwards to the courtyard generate a homely mood.

Lageplan | site plan

Zeppelin Carré

Mitte   Lautenschlagerstraße 2

Architekten |
architects:
Auer + Weber +
Partner, Stuttgart
Partner Götz
Guggenberger mit
Michael + Wolf +
Partner, Stuttgart

Bauherr |
builder-owner:
DEGI Deutsche
Gesellschaft für
Immobilienfonds
GmbH,
Frankfurt/Main

Bauzeit |
construction time:
1995–1998

Foto | *photo*:
Valentin Wormbs,
Stuttgart

Das Carré liegt unmittelbar gegenüber dem Haupt-
bahnhof. Einer radikalen Abrisssanierung entkommen,
wurde dieser Block mit seinen architektonischen Bau-
steinen aus den 1920er bis 70er Jahren erhalten und
ergänzt. ■ Außer dem kleinen Hotel sind alle bereits
bestehenden Gebäude in unterschiedlicher, jedoch mit
der Gebäudestruktur verträglicher Architektursprache
umgebaut. Die durchgehende Wandscheibe entlang der
stark befahrenen Friedrichstraße fasst mehrere Einzelgebäude zusammen, die verglaste dreieckige Loggia
bezieht auch das älteste Haus mit ein. Die Quartiers-
ecke an der Kronenstraße ist mit einem Flugdach markiert. ■ Die prägnanten Bauten der Stuttgarter Architekten von 1929, der Zeppelinbau (Bonatz) und das
Bürogebäude (Manz) wurden in ihre ursprüngliche äußere Gestalt zurückgebracht und mit heutigen technischen Mitteln ergänzt. Die vier Innenhöfe, umschlossen von Büros, Läden und Gastronomie, gliedern im
Wechsel mit der Überbauung das Blockinnere. Im Hof
des Restaurants „Amici" spannt sich eine von unten
beleuchtete Glasterrasse über eine Wasserfläche.
Wasserbassins und -kaskaden, großzügige Stufen und
Baumbepflanzung schaffen Rückzugsmöglichkeiten.

Instead of renovation based on demolition, here almost
all the existent buildings were reconstructed in various
architectural languages. The shear wall along busy
Friedrichstrasse integrates several individual buildings;
the glazed loggia also incorporates the oldest building.
The Zeppelin building and office building from 1929
were brought back to their original external form and
equipped with present day technical means.

BDA Geschäftsstelle

Friedrichstraße 5

Mitte

Die neue Geschäftsstelle des BDA befindet sich im Zeppelin Carré in zentraler Stadtlage. Neben den Büroräumen beinhaltet sie auch einen Ausstellungsraum und präsentiert sich so als offene Plattform für Architekturinteressierte. Ein umlaufendes, wechselbares Tapetenband wird zum identitätsstiftenden architektonischen Element. Es dient als Ausstellungsfläche und verleiht dem ehemals heterogenen Innenraum seine ruhige und besondere Atmosphäre. Im Zentrum des Ausstellungsbereiches können durch Schiebe- bzw. Drehwände, welche an den bestehenden Wandscheiben angeordnet sind, unterschiedliche Raumsequenzen erzeugt werden.

The new branch office of the BDA is located in the Zeppelin Carré near the centre of the city. In addition to offices, the building also has an exhibition room and is thus presented as an open platform for persons interested in architecture. A circular, changeable strip of wall paper becomes an architectural element which endows the premises with an identity. It serves as exhibition space and lends the formerly heterogeneous interior room its special quiet atmosphere. Differing sequences of rooms can be generated in the centre of the exhibition area by means of the sliding and rotating walls located at the existent shear walls.

Architekten | _architects:_
Bottega + Ehrhardt, Stuttgart

Bauherr | _builder-owner:_
BDA Bund Deutscher Architekten, Landesverband Baden-Württemberg

Bauzeit | _construction time:_
2005

Visualisierung | _rendering:_
Bottega + Ehrhardt, Stuttgart

Carl-Eugen-Bau
Neunutzung als Börse

Mitte

Schloss- / Huberstraße

Architekten |
architects:
ZSP Architekten
Scheffler Vorbeck
+ Partner,
Stuttgart

Bauherr |
builder-owner:
SV-Gebäude-
versicherung,
Stuttgart

Bauzeit |
construction time:
2000–2002

Foto | *photo*:
Roland Halbe,
Stuttgart

Der Carl-Eugen-Bau umfasst drei benachbarte Gebäude, die zu einem gemeinsam erschlossenen Büro- und
Dienstleistungskomplex gefasst wurden. Denkmalge-
schützt sind die monumental neubarocken Fassaden
des ehemaligen Bankgebäudes von 1916. Die leichte
und transparente Gestaltung der neuen Fassaden bei
zurückhaltender Farbigkeit respektiert und kontrastiert
die bedeutungsvolle Schwere der historischen Substanz. Das gläserne Erschließungsgebäude zwischen
Schlossstraße 20 und 22 formuliert den neuen Haupteingang und verbindet alle Ebenen der Gebäude mit
Aufzügen. ■ Im Inneren ist anstelle der unbelichteten
Großraumflächen der 60er Jahre ein sechsgeschos-
siges, glasgedecktes Atrium realisiert, das Tageslicht
in das sehr tiefe Gebäude leitet. Die Nutzung des
Erdgeschosses und der Galerien im ersten Obergeschoss als Börsensaal machte eine konstruktive Über-
arbeitung erforderlich: Anstelle vieler Einzelstützen wurde ein neues Tragsystem aus vier Hauptstützen an
den Ecken des Atriums mit umlaufenden Brüstungs-
trägern an den Galerien eingeführt. Ein von hell nach
dunkel abgestuftes Farbkonzept unterstützt die Wahrnehmung der Bauteilhierarchie und der Raumtiefe im
Saal.

The facades of the former bank building are under monument protection. Their meaningful gravity is respected
and contrasted by the light and transparent form of the
new facades. ■ The glass access building is the main
entrance and connects all levels of the buildings with
lifts. In the interior, a six story atrium covered with glass
channels daylight into the very deep building.

´s Zentrum | Fassadenplanung für ein Geschäfts- und Bürohaus

Königsstraße 12 / Kronenstraße 3

Mitte

Mit einem Neubau an Deutschlands längster Fußgängerzone konnte sich ein traditionsreiches Unternehmen eine Dependance mit 16.500 m² Verkaufsfläche sichern. Für den Entwurf der Fassade waren architekturhistorische Bezüge zu Stuttgarts Bauten der 20er Jahre von maßgeblichem Einfluss: zur Weißenhofsiedlung als Genius loci dieser Stadt und zum Schocken-Kaufhaus von Erich Mendelsohn. ■ Das Haus für Peek & Cloppenburg verfolgt in diesem Sinne primär drei Ziele: Der dreidimensionale Körper soll städtebaulich mit der Geometrie der Stadt harmonieren. Die elegante, atmosphärisch nicht zu kühle Architektur will sich von den benachbarten Geschäftsbauten deutlich absetzen und der alten Königstraße wieder etwas von ihrer Vornehmheit, Urbanität und Würde zurückgeben. Die großzügigen Spannweiten unterstreichen den städtebaulichen und architektonischen Charakter und optimieren die funktionalen Qualitäten des Hauses. Mit einer über drei Geschosse aufgefächerten Glasfassade werden Einblicke und Spiegelungen vermittelt. Die Grundmaterialien sind gestockter und geschliffener beigefarbener Travertin, Glas und Aluminiumprofile.

The house pursues three main goals: the three dimensional body is to harmonise with the city's urban planning, its elegant architecture is to set it apart from the neighbouring commercial buildings and it is to restore to the Königstrasse some of that street's former refinement, urbanity and dignity. The generous, broad spans underscore its urbanistic and architectural character. Views and reflections are imparted by a glass facade which fans out over three storeys.

Architekten | architects:
Josef P. Kleihues mit Norbert Hensel
Kleihues + Kleihues, Berlin/Dülmen-Rorup

Bauherr | builder-owner:
Sireo Real Estate Asset Management, Stuttgart

Bauzeit | construction time:
2000—2002

Foto | photo:
Roland Halbe, Stuttgart

Neuer Eingang Industrie- und Handelskammer Stuttgart

Jägerstraße 30

Architekten |
architects:
Kauffmann Theilig
& Partner,
Ostfildern

Bauherr |
builder-owner:
IHK Industrie- und
Handelskammer
Stuttgart

Bauzeit |
construction time:
1995–1996

Foto | photo:
Roland Halbe,
Stuttgart

Am Fuße eines Weinbergs in Stuttgarts Innenstadt wurde zwischen zwei bestehenden Bürohäusern von Rolf Gutbrod und Hans Volkart aus den Jahren 1954 und 1957 ein gemeinsamer Eingangsbau errichtet. Für die IHK soll er als Entree, Empfang und Information eine behagliche Atmosphäre bieten, die klimatisierte Verbindung der drei Ebenen gewährleisten und vor allem auf die landschaftlich sensible Situation des Weinbergs reagieren. ■ Der Eingang aus Glas ist so transparent wie möglich gestaltet. Die Dominanz der bestehenden Gebäude bleibt erhalten. Es wirkt, als fließe die Landschaft durch das Glasgebäude hindurch. Für das Dach wurde ein spezielles Tragwerk entwickelt: Ein weitmaschiger Holzrost trägt die Dachverglasung auf der Außenseite und eine in Lamellen aufgelöste zweite Glasebene auf der Unterseite. ■ Der Zwischenraum der beiden Glasschichten wirkt klimatisch als Puffer. Die dort entstehende Wärme wird über die in die Fassade integrierten Ventilatorelemente entlüftet. Unterschiedliche, geometrisch irregulär angeordnete Stützenelemente tragen die vertikalen Lasten des Daches ab.

The entrance building of the chamber of industry and commerce should be the entrance, reception and information area, guarantee the connection of the three levels and react to the landscape location. ■ The entrance made of glass has been designed as transparently as possible. An impression of the landscape flowing through the building is conveyed. A special supporting framework was developed for the roof. A wooden floor grid bears the load of the ceiling glazing on the exterior and a second glass level on the underside. The gap of the two glass layers has the climatic effect of acting as a buffer.

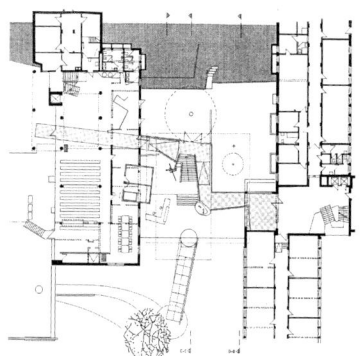

Grundriss | ground plan

Hauptverwaltung der EVS (EnBW) in Stuttgart

Kriegsbergstraße 32

Architekten |
architects:
Lederer-
Ragnarsdóttir-Oei,
Stuttgart

Bauherr |
builder-owner:
EVS Energie-
Versorgung
Schwaben AG
(EnBW)

Bauzeit |
construction time:
1993–1997

Foto | *photo*:
Roland Halbe,
Stuttgart

Um mit dem von dunklen Aluminium- und Glasbrüstungsplatten verkleideten Altbau von 1977 ein harmonisches Ganzes zu erreichen, wurde ein dunkelgrauer Ziegel mit metallisch-schimmernder Oberfläche als Vormauerstein gewählt. Die Lagerfugen sind weiß, die Stoßfugen schwarz gehalten, wodurch in Analogie zu den liegenden Fensterbändern die Horizontalität des Neubaus betont wird. Auskragungen und Traufhöhen nehmen ebenso Bezug zum Altbau. ■ Die 30 Meter lange Fassade über vier Geschosse erscheint völlig geschlossen: Es handelt sich um ein nichtöffentliches Gebäude. Die Eingangshalle funktioniert als inneres Bindeglied zwischen Alt- und Neubau und empfängt die Ankommenden mit einem türkisblau farbigen Wasserbecken. ■ Ein Vorteil ist die große thermische Trägheit des Gebäudes, da neben den schweren Außenwänden ein Großteil der Innenwände sowie das Gewölbe über dem Speisesaal aus Vollziegeln gemauert wurden. Die augenfällige Kompaktheit und Geschlossenheit des Neubaus ist daher keineswegs nur funktional oder gestalterisch, sondern ebenso energetisch motiviert.

The new construction and old construction of this energy utility's headquarters should form a harmonic whole. Thus dark grey bricks were selected as face bricks and overhangs and heights of eaves are taken from existent buildings. An entry hall functions as an inner link between the two. Since this building is not open to the public, the facade is completely closed. This compactness is also useful for saving energy.

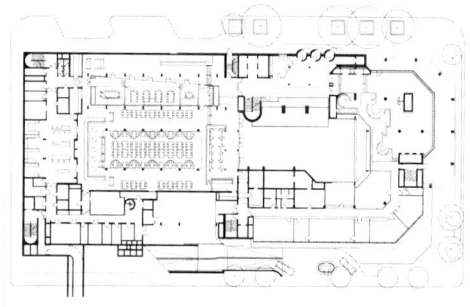

Grundriss | ground plan

Königsbaupassagen

Mitte   Königstraße 28

Architekten |
architects:
Hascher Jehle
Architektur, Berlin

Bauherr |
builder-owner:
Seleno GmbH c/o
HSH Nordbank
AG, Hamburg

Bauzeit |
construction time:
2004–2006

Foto | *photo*:
Svenja Bockhop,
Berlin

Das Handels- und Dienstleistungszentrum Königsbaupassagen ist Teil der umfassenden städtebaulichen Neuordnung der Innenstadt. Unmittelbar hinter dem historischen Königsbau gelegen, bezieht der Neubau das denkmalgeschützte Gebäude behutsam mit ein und gibt ihm mit der nach hinten geschwungenen gläsernen Hülle eine angemessene Rahmung. ■ Zwei Passagen führen durch den Königsbau und verbinden die Königsstraße, eine der meistfrequentierten Fußgängerzonen Deutschlands, mit dem zentralen Atrium des Neubaus. Dieses ist der Mittelpunkt einer Fußgängerpassage, die den großen Block auch zu den freistehenden Außenseiten hin öffnet und ihn in hohem Maße ins innerstädtische Wegenetz einbindet. ■ Das neungeschossige Atrium im Zentrum der Anlage formt einen spektakulären Innenraum, zu dem sich die unterschiedlichen Nutzungen orientieren. Es entstehen attraktive Räume für Büros, Einzelhandel und das exklusive Möbelhaus „Stilwerk".

The trade and services centre is part of the new urbanistic order of the inner city. Located immediately behind the historic Königsbau, the new building includes this monument, giving it suitable surroundings. ■ Two passageways lead through the Königsbau and connect Königsstrasse with the central atrium of the new building. This is the halfway point of a pedestrian passageway which also opens the block to the outside. ■ The atrium in the centre with its nine storeys above ground forms a spectacular inner space to which the various usages are oriented. The result is attractive rooms for offices, retail shops and a furniture store.

Suite 212 Bar und Club

Theodor-Heuss-Straße 15

Mitte

Suite 212 hieß die erste Videoarbeit Nam June Paiks, die vor 30 Jahren im TV ausgestrahlt wurde. Daraus begründet sich der Name für die Bar, die wechselnde Foto- und Videoarbeiten präsentiert. ■ Der Barbereich im Erdgeschoss funktioniert als großer offener Raum, dessen Weite durch die umlaufende Verglasung betont wird und weit in den Straßenraum ausstrahlt. Den Rücken des Glas-U's bildet der Serviceblock mit dem langen Bartresen, über dem die Monitorreihe hängt. Eine monolithische Stahltreppe ist die bestimmende Raumdiagonale. Sie endet im Obergeschoss des Clubs in einem Glaskasten, der als eingestelltes Element den Raum gliedert und gleichzeitig als Projektionsfläche dient. ■ Bar und Club werden durch jeweils andere Material- und Farbgebung räumlich differenziert. Das Licht ist linear entlang der gesamten Glasfassade und unter dem Tresen eingesetzt. Durch versetzte Lichtscheiben im schwarz gestrichenen Deckenbereich werden vielfältige Spiegelungen erzeugt. Die Möblierung ist mit den T- und würfelförmigen Modulen variabel und lässt täglich neue Raumformationen entstehen.

The bar area on the ground floor functions as an open room whose breadth is brought out by the surrounding glazing. A row of monitors which display changing photographic and video works hangs over the counter. A monolithic steel staircase determines the diagonal of the room. It ends in the upper storey of the club, which is separated from the bar by a different mixture of colours and materials. Light is applied linearly along the glass facade and under the counter. The furnishings are variable.

Architekten |
architects:
Bottega +
Ehrhardt,
Stuttgart

Bauherr |
builder-owner:
Gastromedia
Betriebs GmbH

Bauzeit |
construction time:
2001

Foto | photo:
Alexander Fischer,
Stuttgart

Kunstmuseum

Mitte   Kleiner Schlossplatz 1

Architekten |
architects:
Hascher Jehle
Architektur, Berlin

Bauherr |
builder-owner:
Landeshauptstadt
Stuttgart

Bauzeit |
construction time:
2002–2004

Foto | *photo:*
Roland Halbe,
Stuttgart

Der Kleine Schlossplatz entstand 1968 durch die Abdeckung eines Verkehrsknotenpunktes der Innenstadt. Seit sich die Verkehrsplanung in den 80er Jahren als überholt herausgestellt hatte, war er Gegenstand mehrerer städtebaulicher Wettbewerbe. Das Museumskonzept macht sich die schwierige Ausgangslage zu eigen; nicht mehr genutzte Tunnelröhren wurden in attraktive Ausstellungsflächen verwandelt. Eine großzügige Freitreppe inszeniert einen öffentlichen Raum. ■ Der grundlegende Entwurfsgedanke für das Museum war, über die funktional bedingte Öffentlichkeit des Gebäudes hinaus Orte zu schaffen, die sich als Kommunikationsräume anbieten. Während der unterirdische Bereich der Dauerausstellung ganz introvertiert ist, hat der die Wechselausstellung beherbergende Kubus eine enorme Außenwirkung. Seine Erschließung liegt direkt hinter der gläsernen Haut und umgibt den steinernen Würfel, der in seinem geschützten Inneren die Ausstellungsräume birgt. ■ Die oberste Ebene des Würfels ist mit dem Restaurant „Cube" bis in die Nacht öffentlich zugänglich und bietet einen atemberaubenden Blick über das Zentrum Stuttgarts.

The Kleiner Schlossplatz has been the subject of several urbanistic competitions. Because of its difficult initial position the museum concept adopts the principle that tunnel pipes which are no longer in use are to become attractive exhibition areas, an outside staircase stages a public space. ■ The idea was to create communicative places. While the subterranean area of the permanent exhibition is introverted, the cube of the alternating exhibition has an enormous effect on the public.

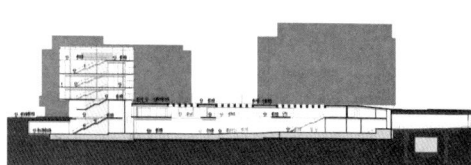

Schnitt | section

Büro- und Geschäftshaus Scala

Mitte

Kleiner Schlossplatz 13–15

Architekten |
architects:
Hascher Jehle
Architektur, Berlin
mit dsw
Architekten
und Ingenieure
Dröge Sänger
Walter, Berlin

Bauherr |
builder-owner:
REDEVCO
Services
Deutschland
GmbH,
Düsseldorf

Bauzeit |
construction time:
2003–2004

Foto | *photo*:
Svenja Bockhop,
Berlin

Der Neubau bildet mit dem Kunstmuseum und den Königsbaupassagen ein Ensemble und gliedert sich in zwei Teile: den sechsgeschossigen schlanken Riegel und den fünfgeschossigen dreieckigen Block, der sich unter den Längsriegel schiebt. Die abgewinkelte Form des Grundrisses definiert dabei den östlichen Straßenraum, der Fußgänger am Kunstmuseum vorbei direkt zum Schlossplatz führt. ■ Hinter der klaren städtebaulichen Komposition verbirgt sich eine komplexe Gebäudestruktur, da der Bau über einem bestehenden Fahrzeugtunnel und Teilen des Kunstmuseums errichtet wurde. Diese räumliche Schnittstelle ermöglicht die Kombination unterschiedlicher Nutzungen. So konnten die Verwaltung sowie die Werkstätten und Magazine des Museums in dem dreieckigen Gebäudeteil der Scala untergebracht werden, ohne dass durch die Auslagerung dieser Funktionsbereiche auf eine direkte Wegeverbindung verzichtet werden muss. ■ Die funktionale Verknüpfung der Bauwerke bietet dabei unmittelbare konstruktive Vorteile: Die wandhohen Stahlbeton-Scheiben, die den sechsgeschossigen Riegel des Bürogebäudes abfangen, werden im Untergeschoss des Museums zugleich als Ausstellungsflächen genutzt.

The Scala, the Art Museum and the Königsbau passageways form an ensemble which is divided into two parts. The angular form of the Scala building's ground plan defines the street space to the east, which guides pedestrians to the Schlossplatz. The clear composition actually conceals a complex building structure inasmuch as this building lies over a tunnel for motor vehicles as well as parts of the Art Museum. This interface makes it possible to combine differing usages.

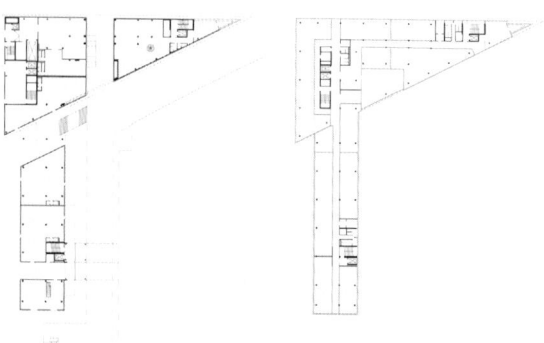

Grundrisse | ground plans

Bayerische Vereinsbank
Umbau des Bürogebäudes

Mitte

Kronprinzstraße 22

Architekten |
architects:
Behnisch Sabatke
Behnisch,
Stuttgart

Bauherr |
builder-owner:
Bayerische
Vereinsbank AG,
München

Bauzeit |
construction time:
1995–1996

Foto | *photo*:
Martin Schodder,
Stuttgart

1969 als Verwaltungsgebäude der Zentralkasse der Viehbesitzer von Behnisch & Partner erbaut, hatte die Bank die Immobilie erworben, um zusätzliche Büroflächen zu schaffen. Das Gebäude entsprach nicht mehr den Bedürfnissen der Nutzer. Es handelt sich um einen sechsgeschossigen Stahlbetonfertigteil-Bau mit zurückgesetztem Dachgeschoss und fest verglasten Fassaden. An der Seite zur Kronprinzstraße befand sich eine vom ersten bis vierten Obergeschoss vorgesetzte zweite Verglasung als Schallschutzfassade. ■ Das Gebäude wurde auf seine Rohbaustruktur zurückgebaut. Das bestehende Erscheinungsbild der Fassade der gläsernen Haut mit dahinter liegender diffus erscheinender Innenfassade wurde unter Berücksichtigung der neuen Anforderungen optisch wiederhergestellt. Innen finden Holzwendeflügel und außen Ganzglasklappen Verwendung. Durch die Zweischichtigkeit entstehen je nach Lichteinfall verschiedene Fassadeneffekte. Die zurückgesetzte Erdgeschossfassade ist großzügig verglast. Die Hoffassade erhielt eine Steganbindung.

Conceived as an administrative building in 1969, this property was acquired by the bank to create office space. It has six storeys above ground with recessed attic storey and glazed facades. On the side along Kronprinzstrasse there was a second glazing in front of its first to fourth storeys. ■ It was built back to its initial core construction and the existent appearance of a glazed facade was recreated. In its interior there are sash openings about a vertical axis and on its exterior full glass shutters are used.

Häussler CityPlaza

Rotebühlstraße 21–25

Nach Abkehr vom lange favorisierten, aber zu Recht umstrittenen Hochhaus ist am Rotebühlplatz eine Gebäudefigur realisiert worden, die in vielfältiger Beziehung zu ihrer Umgebung steht. Dieser Platz, jahrelang ein schwer überwindbarer Verkehrsknoten, hat sich mit der Neubebauung des Quartiers Calwer Straße, dann mit der gegenüberliegenden Volkshochschule und jetzt schließlich mit dem Geschäftshaus zum erlebbaren Stadtraum verwandelt. ■ Die kompakte, auf einem Dreieck basierende Kubatur umreißt mit ihren scharfen, knappen Kanten den gegebenen Stadtgrundriss und nimmt dabei Blick- und Wegebeziehungen auf: Ein alter Straßenzug wird wieder gefasst, Verbindungen zur U-Ebene der Stadtbahn und zum Rotebühlplatz sind über eine innere Passage hergestellt. ■ Alle Wege kreuzen unter einer kraftvollen Glaskuppel – ein neu hinzugewonnener Ort der Stadt mit Geschäften, Restaurants und Büros. Noble Fassaden aus hellen Natursteinplatten, Metall und flächenbündige Verglasungen entspringen dem Gedanken des sich bei aller Größe zurücknehmenden Bauens im Kontext.

The new building is related to its surroundings in many respects. With its construction, Rotebühlplatz was transformed into a city space which can be experienced. ■ The cubature, which is based on a triangle, outlines the given plot and takes up sight and path relationships: an old city street lined with houses is discovered once again and connections to the city train and to Rotebühlplatz are established through an inner passage. All paths cross under a mighty glass dome. Facades of light natural stone, metal and glass give birth to the idea of building in context.

Architekten |
architects:
KBK Architekten.
Belz Kucher Lutz,
Stuttgart

Bauherr |
builder-owner:
Senator h.c. Rudi
Häussler, Stuttgart

Bauzeit |
construction time:
2000–2002

Foto | photo:
Roland Halbe,,
Stuttgart

Dienstleistungsgebäude der LBBW am Bollwerk

Fritz-Elsas-Straße 31

Architekten |
architects:
Behnisch Sabatke
Behnisch,
Stuttgart

Bauherr |
builder-owner:
Landesgirokasse
Grundstücksanla-
gengesellschaft
mbH & Co. KG

Bauzeit |
construction time:
1993–1997

Foto | *photo*:
Martin Schodder,
Stuttgart

Die Anlage steht auf dem Bollwerk, Teil der ehemaligen Befestigungsanlage. Der Hauptzugang liegt auf einer Geländekuppe, der höchsten Geländeformation der Innenstadt. Ein See nimmt die Hauptfäche des Innenhofes ein, der um ein Geschoss abgesenkt wurde und für alle einsehbar ist. Seine Wasserfläche wird durch eine schräg liegende Glasfläche in das Innere der Halle weitergeführt. Darunter befindet sich der Hallenraum, der für öffentliche Veranstaltungen oder Ausstellungen genutzt wird. ■ Zum See hin orientieren sich Schulungsräume, Cafeteria und Küche. An den Straßenseiten nehmen Büroflügel Richtungen und Traufhöhen der benachbarten Gebäude auf. Drei weitere Staffeldachgeschosse waren aufgrund des Bedarfs an Büroflächen notwendig, die auf der Hofseite zu einer Höhe von maximal neun Bürogeschossen führen. In einem frei in den Straßenraum kragenden Ende eines Büroflügels liegt der Raum für Gäste der Bank. Öffentliche Nutzungen mit Kino, Restaurant und Läden haben sich im Erdgeschoss etabliert. ■ Durch das gleichmäßige Rastermaß der Fassade mit dem freien Spiel der Farbflächen erscheint „das Gesicht" des Bankgebäudes differenziert und abwechslungsreich.

The main access to the bank's facilities am Bollwerk is located on the highest point in the inner city. A lake takes up the greater part of the inner courtyard and is conducted into the interior of the hall. On the sides toward the streets the office wings take up the directions and heights of the eaves of the adjacent buildings. ■ The uniform grid spacing of the facade causes to bank's "face" to appear to be full of diversity.

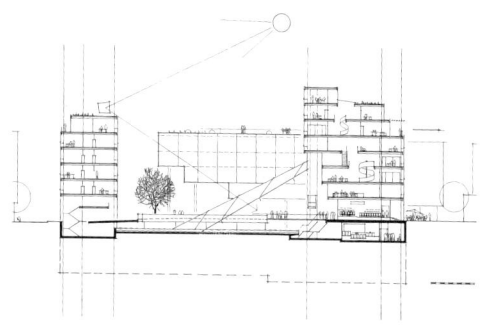

Schnitt | section

Kulturzentrum Unterm Turm

Mitte

Eberhardstraße 61, im Tagblatt-Turm-Areal

Architekten |
architects:
Lamm-Weber-
Donath und
Partner, Stuttgart

Bauherr |
builder-owner:
Landeshauptstadt
Stuttgart

Bauzeit |
construction time:
2001–2004

Foto | *photo*:
Zooey Braun,
Stuttgart

Der Tagblatt-Turm von 1928 ist ein Wahrzeichen Stuttgarts. In den Rückgebäuden des Areals wurde das neue Kulturzentrum Unterm Turm mit drei Theatern und kulturpädagogischen Einrichtungen erstellt. Die sieben Einzelgebäude aus den Jahren zwischen 1857 und 1962 sind zu einem harmonischen Gesamtkomplex umgebaut und saniert. Der Innenhof, die Agora, ist durch ein Glasdach überdeckt. An Stelle des bisherigen Hinterhofs entstanden eine attraktive Passage und ein neuer öffentlicher Raum. ■ Beim Ausbau wurde auf jede aufwändige Ausstattung verzichtet. Vorhandene Strukturen wurden erhalten. Farbgebung und Beleuchtung akzentuieren die Räume und dienen der Orientierung. Die drei Theater erhielten neue Säle, Probebühnen, Garderoben, Werkstätten, Lager und Büros; die Jugendkunstschule und der Museumspädagogische Dienst neue Werkstätten. Über dem Bühnenraum entstand ein Lichthof, der als gemeinsame Terrasse für die kulturpädagogischen Institutionen dient. ■ Auf dem Dach des zweiten Obergeschosses wurde eine städtische Kindertagesstätte als Aufstockung eingerichtet. Ein Laden und ein Restaurant fanden den im Erdgeschoss zudem noch Platz.

The seven individual buildings of the cultural centre were renovated and rebuilt to a harmonic complex. A glass roof covers the interior courtyard. Instead of the previous rear courtyard there is an attractive passageway and a new public room. With these upgrades, costly fittings and furnishings were abstained from in favour of retaining the existent structures. The colour schemes and illumination accentuate the rooms and are also useful for orientation.

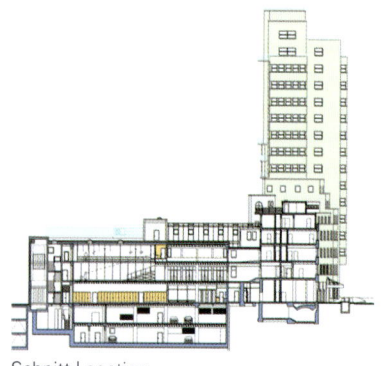

Schnitt | section

Trattoria da Loretta

Mitte Büchsenstraße 21

Architekten |
architects:
ippolito fleitz
group, Stuttgart

Bauherr |
builder-owner:
Loretta Petti,
Stuttgart

Bauzeit |
construction time:
2003–2004

Foto | *photo*:
Zooey Braun,
Stuttgart

Eine toskanische Trattoria direkt an der Ausgehmeile: Anstatt gewohnte Bilder toskanischer Architektur zu reproduzieren, ist mit einer Bildercollage der subjektiven und kollektiven Erinnerung der Moment des „Sich-zu-Hause-Fühlens" eingefangen. Die räumlichen und visuellen Details sind genau aufeinander abgestimmt. Die Gäste sitzen auf langen Bänken an großen Massivholztischen und nehmen sich ihr Besteck selber aus den Schubladen. Der hintere Tisch ist mit klassischen Baststühlen bestückt. ■ Es wird schnell klar, dass es in der Trattoria nicht um intime Zweisamkeit geht, sondern um kommunikatives Miteinander. Mit der Textildesignerin Monika Trenkler wurden Tapetenstreifen entwickelt, die aus verschiedenen Stilrichtungen stammen: Bürgerliche Tapeten der Jahrhunderte und zeitgenössische Unis, gescannte und digital ausbelichtete Holztexturen stehen nebeneinander. Vergrößerte Scans von Spitzendeckchen, aufgemalt mit kupferfarbenem Hammerschlag, ersetzen an der Decke rund um die Kronleuchter aus Metallgewebe die nicht vorhandenen Stuckrosetten. Das Renaissancegedicht „Quant' è bella giovenezza" von Lorenzo Il Magifico, das in Italien jedes Schulkind auswendig lernt, ist räumlich inszeniert.

The spatial and visual details convey a picture of a Tuscanian trattoria to create an atmosphere of communicativeness and feeling at home. The strips of wallpaper are of various styles. Enlarged scans of little lace cloths painted on with copper coloured hammer blows substitute for stucco rosettes. Indeed, an Italian Renaissance poem is staged here spatially.

Grundriss | ground plan

IFT Institut für Fördertechnik und Logistik der Universität – Erweiterung

Mitte

Holzgartenstraße 15 B

Architekten |
architects:
Knoche
Architekten,
Stuttgart

Bauherr |
builder-owner:
Land Baden-
Württemberg

Bauzeit |
construction time:
2002–2003

Foto | *photo*:
Dietmar
Träupmann,
Augustusburg

Die Seilversuchshalle des Instituts für Fördertechnik ist Teil eines innerstädtischen Bauensembles aus dem Jahre 1958. Die Hallenkontur besteht in Längsrichtung aus fünf Gebäudeachsen und ist als Betonskelett konstruiert. Die Außenwände sind in Klinkermauerwerk ausgeführt. ■ Die Halle wurde um eine Achse mit dem vorgegebenen Sheddach erweitert, in einer Stahlrahmenkonstruktion mit vollverglasten Seitenwänden. Diese sind durch versetzte Vertikalstöße sehr flächig ausgebildet. Die matt schimmernde Sonderverglasung verhindert die direkte Einsicht in das Halleninnere und behält so den geschlossenen und introvertierten Charakter der bestehenden Halle bei. ■ Konstruktion, Material und Detail stellen eine eigenständige Ergänzung zur bestehenden Kontur her. Kupfer wurde als Dachdeckungsmaterial wieder verwendet, aber nicht in grün patinierter Form sondern mit braun oxidierter Oberfläche.

The IFT's cable experimental hall is part of an inner city building ensemble from the year 1958. The hall's contour consists of five building axes and is implemented as a concrete skeleton, the outer walls being of clinker masonry. ■ The hall was extended by a further axis with the shed roof, in a steel frame construction with fully glazed side walls. These are quite flat due to staggered vertical impacts. Special glazing prevents direct views into the hall's interior, thus retaining the closed, introverted character of the existent hall. ■ Construction, materials, and details produce an independent extension of the existent contour.

Bibliothek Fachhochschule für Technik Stuttgart Um-und Neubau

Schlossstraße 26   Mitte

Das Gebäude wirkt von außen wie ein steinerner Block. Als ehemaliges Bankgebäude wurde es nach dem Krieg nüchtern-sachlich wieder aufgebaut. Der Um- und Neubau ist zunächst nicht zu erkennen: Drei der Straßenansichten wurden nicht verändert. Der Westflügel, der zur Ausfahrt einer Hochgarage zeigt, ist neu. Dort zeigt sich die orangefarbige, fein abgestimmte Lochfassade, die sich auf der weiß gestrichenen Betonwand der benachbarten Auffahrtsrotunde reflektiert. ■ Die Farben erinnern in ihrer Intensität an südfranzösische Ockersteinbrüche. Im Hausinneren ist man überrascht über die Helligkeit. Grund ist ein innenliegender Hof, der an einer Längsseite durch eine Pfosten-Riegelfassade begrenzt ist. Die Gläser transportieren und spiegeln Licht in die Tiefe und sorgen für optimale Beleuchtung in den Fluren, in der Bibliothek im Foyer und in den drei Lehrraumetagen. ■ Aus dem flächigen, unübersichtlichen Gebäudekomplex ist ein klar strukturiertes Haus mit der Typologie des vertrauten Atriumhauses geworden. Die einzelnen Gebäudeflügel sind um den Hof angeordnet. Diese Struktur wird bis ins Erdgeschoss sichtbar. Das gesamte Haus wird auf diese Weise übersichtlich erschlossen.

The flat, confusing building complex has given way to a clearly structured house with the typology of the familiar Atrium house. The wings of the building are arranged around an inner courtyard, making the construction easily accessible. Panes of glass transport light to reflect it downward and ensure optimal illumination.

Architekt | architect: Universitätsbauamt Stuttgart und Hohenheim

Bauherr | builder-owner: Land Baden-Württemberg

Bauzeit | construction time: 2001–2004

Foto | photo: Dietmar Träupmann, Augustusburg

Haus der Geschichte Baden-Württemberg und Hochschule für Musik

Konrad-Adenauer-Straße/Urbanstraße

Architekten |
architects:
Wilford Schupp
Architekten,
Stuttgart/London

Bauherr |
builder-owner:
Land Baden-
Württemberg

Bauzeit |
construction time:
1999–2003

Foto | *photo*:
Roland Halbe,
Stuttgart

Zum Kammertheater hin ergänzt das Haus der Geschichte die achsensymmetrische Planfigur eines dreiseitig umschlossenen Platzes, der sich zur Konrad-Adenauer-Straße öffnet und mittig von der Eugenstraße durchstoßen wird. Diese L-Form wiederholt sich spiegelverkehrt auf der Südseite, allerdings verkürzt. An dessen Südkante nimmt eine schräggestellte Platzwand gegenüber dem Abgeordnetenhaus Schwung, um dann unmittelbar neben dem zehngeschossigen Turm der Musikhochschule in einer doppelten Krümmung auszuschwingen. Dieses spiegelverkehrte „Fragezeichen" gibt dem Gebäude einen dynamischen Grundriss. ■ Von einem Durchgang zwischen dem neu entstandenen Platz und der kleinen Plaza zum Abgeordnetenhaus gelangen Besucher in ein großzügig verglastes Foyer mit angrenzendem Restaurant. Die mit kräftigen Farben akzentuierte Haupttreppe fällt ins Auge. Sie führt zu Ausstellungsbereichen und Vortragssaal. Außen und Innen sind hier nicht mehr streng voneinander getrennt, wie etwa bei der introvertierten Architektur der Neuen Staatsgalerie. Betont wird das Zusammenfließen mittels eines durchgehenden Bodenbelags aus Granit und die ins Freie durchlaufende „technische" Decke.

The building extends toward the chamber theatre the axially symmetric plane figure of a square closed on three sides, which opens to Konrad-Adenauer-Straße and is pierced at the midpoint of Eugenstraße. A mirror image of this L shape is repeated on the south side. There, a purposefully slanted wall across from the state assembly building brightens up to swing out into a double curve next to the Academy of Music.

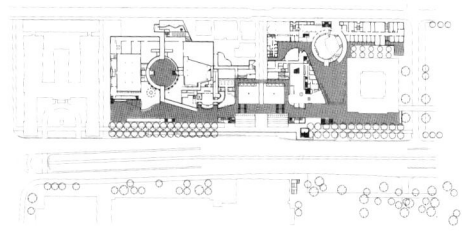

Lageplan | site plan

Panama Werbeagentur

Mitte   Eugensplatz 1

Architekten |
architects:
ZIPHERSPACE-
WORKS
FLEITZ /
IPPOLITO /
SCHNEIDER
WEISMANN PG,
Stuttgart

Bauherr |
builder-owner:
Panama
Werbeagentur
GmbH, Stuttgart

Bauzeit |
construction time:
2001

Foto | *photo*:
Zooey Braun,
Stuttgart

Am Eugensplatz die gestreifte Lampe! Das Gebäude der 1960er Jahre mit seiner ungewöhnlichen Seitenansicht steht markant am Platz, in der Fassade eher unauffällig. Das Innenleben steht dazu in starkem Kontrast, ist in eine intensive farbige Streifigkeit getaucht. Farbe wird zum Raum, lebendig, direkt und gestaltungsfreudig. ■ Der Besucher tritt in eine eigene, andere Welt und begibt sich auf die Reise durch Panama. Im Erdgeschoss sind die Farben am intensivsten und leidenschaftlichsten. Sie sind Auftakt und Zusammenfassung dessen, was den Besucher in den oberen Geschossen noch erwartet. Durch eine Lichtinstallation aus 72 quadratischen Wannenleuchten mit einer Textarbeit wird man zur Rezeption geleitet und gelangt über eine Treppe direkt in die darüberliegenden Etage. Die raumbildenden Elemente des Erdgeschosses finden sich nun in anderer Form wieder: Farbstreifen werden flächiger und ruhiger, ein Feld von Leuchten über der Treppe betont die vertikale Verbindung, durch eine große Schrankwand aus amerikanischem Nussholz wird nun der Eintritt in die weißen Besprechungsräume inszeniert.

The prominent building with its unusual side view stands in the square; its facade is rather unremarkable. In marked contrast to that, its inner life is immersed in an intensive colourful dispute. One is led to the reception desk through an installation of light from 72 square large bathing lights with a text work and goes up a flight of stairs to the next floor. The space forming elements of the ground floor can be found there again in modified form.

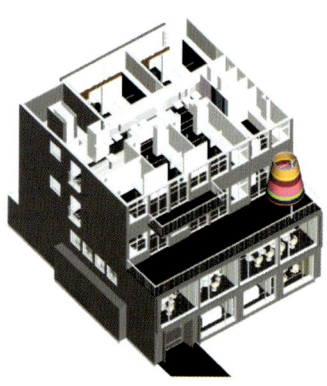

Isometrie | isometric view

Haus wu

Mitte   Diemershalde 30

Architekt |
architect:
Tobias Wulf /
wulf und partner,
Stuttgart

Bauherr |
builder-owner:
Familie Wulf,
Stuttgart

Bauzeit |
construction time:
2002–2004

Foto | *photo*:
Roland Halbe,
Stuttgart

Der Hang mit fünfzehn Metern Gefälle – ursprünglich ein Sandsteinbruch, dann ein Weinberg mit hangparallelen Sandsteinstützmauern und einer mittig liegenden schmalen Weinbergtreppe – gab die Inspiration für den Entwurf. Danach wurden einerseits der Schnitt und andererseits der Grundriss strukturiert. Sämtliche Treppen des Hauses liegen deshalb mittig in der Längsachse. ■ Zwei Kuben liegen versetzt aufeinander und durchdringen sich, der untere aus Beton, der obere aus Holz. Von den insgesamt fünf Ebenen werden die oberen drei als Raumkontinuum für die Hauptwohnung genutzt. Man betritt sie über den schmalen Steg, der auf Straßenebene liegt und über einen vorgelagerten Tiefhof hinweg die mittlere Wohnebene erschließt. Von hier aus öffnet sich der Raum nach oben, begleitet von einer Lichtwand entweder zum Studio mit Dachterrasse oder über eine Galerie hinunter zum Wohnraum. ■ Alles geht offen ineinander über, zum Essen sitzt man auf einem inneren Balkon. Nebenräume und Einliegerwohnung befinden sich in den beiden Sockelgeschossen. Das Haus ist so mit dem Hang konzipiert, dass man von jeder Ebene ins Freie kann und alle Haupträume Ausblick ins Tal haben.

The slope with a descent of 15 metres inspired the design by which the cross section and ground plan were structured: all stairs lie in the middle of the longitudinal axis and a cube lies offset on another cube, with the two penetrating each other. Of the five levels, the top three are used as spatial continuum for the main dwelling. Side rooms and separate flat are located in the two base storeys. One can reach the outdoors from each level.

Erweiterung für die Alte Staatsgalerie

Urbanstraße 41   Mitte

Der enge rückwärtige Bereich das klassizistischen Altbaus ließ nur einen schmalen und 70 Meter langen fünfgeschossigen Baukörper zu. Dieser setzt nun einen städtebaulichen Akzent, indem er die Verbindung von der Alten Staatsgalerie zum höher gelegenen Urbanplatz schafft und diesen talwärts schließt. Durch zwei gläserne Stege ist der Erweiterungsbau mit den Ausstellungsflächen des ersten Obergeschosses der Alten Staatsgalerie verbunden und erlaubt so einen Rundgang durch das gesamte Ensemble. ■ In den unteren Etagen wurden Depotflächen und Werkstätten integriert. Das Dachgeschoss beherbergt die grafische Sammlung mit Bibliothek und Studiensaal, die dem interessierten Publikum offen stehen. Die differenziert filigrane Ausbildung des Geschosses setzt sich in einen bewussten Kontrast zum gewichtigen Sockel mit geschlossener und verputzter Fassade.

The cramped rear area of the old building from the classical period only has room for a narrow, five storey building 70 metres long. This creates the connection from the Old State Gallery to Urbanplatz, which is somewhat higher, and closes it off downhill. Two glazed passageways connect the extension with the exhibition space of the old building so that a round trip tour of the entire collection is possible. ■ Depot space and workshops are integrated in the lower storeys. The attic storey contains the graphics collection with library and study hall. The differentiated filigree development of this storey sets itself in contrast to the heavy base with its closed, plastered facade.

Architekten | architects:
Wilfried und Katharina Steib, Basel/CH

Bauherr | builder-owner:
Land Baden-Württemberg

Bauzeit | construction time:
2001–2002

Foto | photo:
Oliver Quirmbach, Stuttgart

Modernisierung und Dachausbau
Verlagshaus Thienemann

Mitte · Blumenstraße 36

Architekten |
architects:
Kauffmann Theilig
& Partner,
Ostfildern

Bauherr |
builder-owner:
Victoria
Weitbrecht

Bauzeit |
construction time:
2001–2002

Foto | *photo*:
Roland Halbe,
Stuttgart

Zeitgemäße Abläufe und Arbeitsstrukturen eines modernen Verlagshauses in dem historischen Gebäude verlangten eine Modernisierung. Neue Infrastruktur und Erschließung, sanitäre Anlagen und ein kommunikatives Raumgefüge mit gemeinschaftlichen Einrichtungen wie Besprechungsräumen und Teeküchen, Barrierefreiheit und die weitgehende Wiederherstellung des historischen Zustands der Substanz waren die Rahmenbedingungen des Umbaus. ■ Die beiden Dachgeschosse des Verlagsgebäudes aus dem Jahre 1899 wurden 1945 zerstört und nur durch ein Notdach provisorisch ersetzt. Das Gebäude erhielt einen neuen Dachaufbau und bietet jetzt modernen Arbeits- und Lektorenräumen Platz. Der neue Aufbau beläßt die alte Fassade zur Blumenstraße in ihrer Wirkung: Zu einem großen Teil ist der Dachaufbau zurückgesetzt und bildet eine kleine Terrasse. Der restliche Teil folgt mit seiner Glasfassade der Neigung des historischen Daches. ■ Die schöne Aussicht über die Stuttgarter Innenstadt und die großzügigen, natürlich belichteten Arbeitsplätze prägen den Innenraum.

New infrastructure and development, sanitary facilities and a communicative room structure as well as the extensive restoration of the historical state of the substance constituted the framework conditions for the necessary modernisation of the publishing house. ■ The building will be provided with a new ceiling superstructure and now provides space for modern work rooms and proof reading rooms. The new superstructure retains the old facade in terms of its effect: It is set back and forms a small terrace. The remaining part follows the incline of the historic roof by means of its glass facade.

Bar Tabacchi

Pierre-Pflimlin-Platz am Rathaus

Mitte

Der Platz hinter dem Rathaus wurde neu geordnet und durch eine gastronomische Nutzung mit Außenbewirtung belebt. Vorhandene unterirdische Sanitäranlagen waren dabei in die neue Bebauung zu integrieren. Das früher vorhandene Gefälle der Platzebene hatte ein optisches „Abrutschen des Platzes" in Richtung Eichstraße bewirkt. Durch die Anhebung der Platzebene und durch die Anordnung einiger Stufen vor dem Pavillon sowie im Gastraum selbst war es möglich, den Niveausprung als Gestaltungselement gezielt einzusetzen. Er ermöglicht eine Differenzierung der Bewirtungsflächen, gliedert den Gesamtplatz in Ruhezonen und verkehrsführende Fläche und verankert den Pavillon zwischen den beiden Niveauebenen. ■ Der Pavillon selbst besteht aus einem Dachschirm, unter dem eine Wandscheibe und eine Küchenbox eingestellt sind. Im Sichtbetonkörper der Küchenbox befindet sich außerdem der Treppenabgang zur öffentlichen WC-Anlage. Die Anordnung dieser raumbildenden Elemente dient der gezielten Führung der Passantenströme nach Norden und Süden. Zweiseitig angeordnete Glasfaltwände öffnen den Innenraum zu den bewirteten Außenflächen.

The square behind city hall was rearranged and enlivened by gastronomy. The existent slopes were used as an element of the design, with quiet zones and different service spaces being set up accordingly. ■ The pavilion itself comprises a roof screen and a kitchen box of fairfaced concrete. The arrangement of these elements serves to direct the flow of passers by to the north and south. Folding glass walls open the inner room to the outer areas.

Architekten | *architects:*
Eckert, Manthos, Tagwerker, Stuttgart

Bauherr | *builder-owner:*
Landeshauptstadt Stuttgart, Geschäftsbauten GmbH

Bauzeit | *construction time:*
1997–1998

Foto | *photo*:
Peter Hartung, Stuttgart

Büsnau
Vaihingen
Möhringen

Max-Planck-Institut für Metallforschung

Heisenbergstraße 3   Büsnau

Das Institut ist Teil des Max-Planck-Zentrums, eines Gebäudekomplexes aus den Jahren 1968 bis 1975. Neubau und Campus sind eingebettet in einen von Brenner & Partner, Hans Lutz und Ian Hamilton Finlay künstlerisch gestalteten Park. Der Neubau schließt als Erweiterung direkt an das Zentrum an und übernimmt dessen innere Organisation sowie die Ausformung des Baukörpers. Mit seiner differenzierten transparenten Fassade und den Verschattungselementen löst er sich jedoch zum Wald hin aus der Massivität des bestehenden Betons in filigrane, offene Strukturen auf. ■ Die sensibel gestalteten Außenräume dienen der Erholung und Entspannung. Ziel ist die Schaffung von Orten, an denen Menschen zusammenkommen und kommunizieren können. ■ Der Eingangsbereich wird von einem großen Wasserbecken aus Edelstahl markiert. Ein vorhandener Geländesprung wird mit einer vorgehängten, strukturierten Wand aus Betonfertigteilen und eingelegten Edelstahlplatten, über die Wasser in das Becken läuft, thematisiert. Es entsteht ein einladender und offener Ort, der zwischen öffentlichem und privatem Raum vermittelt.

The institute is part of the Max Planck Centre, to which the new construct is directly connected as an extension. It assumes the older building's inner organisation and moulding of structural parts, melting into the woods out of the massiveness of its concrete into filigree open structures. ■ The entrance area is marked by a large basin of water. There, water flows over a hanging wall of prefabricated concrete parts and stainless steel plates to play on the theme of the spring located on the premises.

Architekten | architects:
Brenner Hammes Krause, Stuttgart

Bauherr | builder-owner:
Max-Planck-Gesellschaft zur Förderung der Wissenschaften e.V.

Bauzeit | construction time:
2000–2002

Foto | photo:
H. G. Esch, Hennef

47

Gastdozentenhaus der Universität

Vaihingen   Pfaffenwaldring 54

Architekten |
architects:
Kohlhoff &
Kohlhoff, Stuttgart

Bauherr |
builder-owner:
Land Baden-
Württemberg

Bauzeit |
construction time:
1995–1996

Foto | *photo*:
Wolf-Dieter
Gericke,
Waiblingen

Das Gastdozentenhaus bildet den räumlichen Abschluss der Studentenwohnanlage am Allmandring, wird Brückenkopf der Fußgängerbrücken über den Pfaffenwaldring und über den Allmandring, ist Vermittler zwischen dem Kernbereich der Universität und dem Freiraum des Büsnauer Wiesentales. ■ Es ist als quadratisches Hofhaus konzipiert, das mit offen gehaltenen Erdgeschosszonen über zwei Geschosse ein Durchfließen des Raumes erlaubt, weiträumige Blickbezüge durch das Haus ermöglicht und verschiedenste Wegebezüge aufnehmen kann. ■ Das Atrium gewährleistet eine übersichtliche und helle Erschließung der Wohnungen, schafft räumliche Gemeinschaftlichkeit, Abgeschlossenheit und Offenheit zugleich. Der Hof ist der Kommunikationsraum des Hauses, ihm sind alle Gemeinschaftseinrichtungen und allgemeinen Aufenthaltsflächen zugeordnet. Zu diesem Innenraum hin sind über ihre Eingangszonen, Küchen und Essplätze ebenso alle Wohnungen ausgerichtet. Die Aufenthaltsräume, Wohn- und Schlafzimmer orientieren sich zum Außenraum hin, um Privatsphäre und Ruhe für jede einzelne Wohnung zu garantieren.

The house for the visiting lecturers closes off the student housing. It is designed as a square courtyard house which, with open ground floor zones over two storeys, allows the space to flow through. ■ The atrium provides clearly arranged, well lit access to the individual living units, with the courtyard being the communication space. All the units face it through their entry zones, kitchens and eating places, but the recreation rooms, living rooms and bedrooms all face the other way so that privacy and quiet are guaranteed.

Institut für Informatik der Universität

Universitätsstraße 38

Im Herzen des Campus nimmt der Neubau die Höhe der Flachbauten des Zentrums auf. Im Erdgeschoss liegen vier Hörsäle, Seminar- und Praktikumsräume, die Tageslicht über Gartenhöfe erhalten. Der Forschungs- und Institutsbetrieb ist in den zwei Obergeschossen untergebracht. ■ Durch das kaum wahrnehmbare Tragwerk werden nicht nur die Räume vielseitiger nutzbar, sondern vermitteln eine irritierende Leichtigkeit. Eine Irritation, der Wechsel von Realem zum Irrealen, zieht sich durch den gesamten Ausbau, geprägt wird er von transparenten und spiegelnden Materialien: Treppen sind auf das absolut notwendige Raummaß reduziert, spiegelnde Edelstahl-Treppenlaufwände vergrößern sie ins Unendliche. ■ Das Haus ist in pastellenen Weiß- und Grautönen gehalten, ihren Kontrast finden diese in den kräftigen monochromen Wandfärbungen des Künstlers Harald F. Müller. Die Farbe ist dabei nicht Teil des plastisch gestalteten Raumes, sondern bildet eine eigene Ebene und ist als dreidimensionales Bild lesbar. Die vier Innenhöfe öffnen sich jeweils von einem kleinen Erdgeschosshof zu großflächigen Dachterrassen im Obergeschoss. Bei Sonnenschein von Segeln überdeckt, sind sie ruhige Pausen- oder Arbeitsplätze.

Architekt | architect: Universitätsbauamt Stuttgart und Hohenheim

Bauherr | builder-owner: Land Baden-Württemberg

Bauzeit | construction time: 2001–2003

Foto | photo: Andreas Körner, Auenwald

The new building with lecture halls, seminar rooms and research facilities takes up the height of the flat buildings. Its scarcely noticeable supporting framework and the construction with transparent and reflecting materials convey an irritating effortlessness. Stairs are reduced to the absolutely necessary room measure but reflecting stainless steel stairs running along the walls enlarge them into the infinite.

Internationales Zentrum der Universität

Vaihingen   Pfaffenwaldring 60

Architekten |
architects:
Dasch Zürn
von Scholley,
Stuttgart

Bauherr |
builder-owner:
Land Baden-
Württemberg

Bauzeit |
construction time:
2003–2004

Foto | *photo*:
Kurt Entenmann,
Waiblingen

Die äußere Gestalt des Gebäudes mit seiner Faltung der Decken- und Wandflächen drückt sich als Groß-form aus und kann sich so gegenüber den Baumas-sen der umgebenden Gebäude behaupten. Sicht-beton als bestimmendes Material korrespondiert und kokettiert mit der Nachbarschaft und verankert das Haus an seinem Standort. Im Inneren verdeutlicht die Faltung die Verknüpfung der drei Nutzungsbereiche: Die unterste Ebene als öffentlicher Bereich mit Cafe-teria, Begegnungsräumen und Eingangshalle ist Markt-platz, Aula und Veranstaltungsort. Die großzügige Innentreppe ermöglicht, das Haus in seiner Längsrich-tung zu durchqueren und verbindet damit gleichzeitig die beiden Eingangsebenen höhenmäßig; der Unter-richtsbereich auf der mittleren Ebene wird direkt vom oberen Platz erschlossen. ■ Auf der obersten Ebene sind Verwaltung und Bibliothek angeordnet. Über ei-nen großzügigen Eingangsbereich erreicht man die Büros, die der Studienberatung dienen. Die frische, teilweise auch ungewohnte Farbgebung betont den heiteren und offenen Charakter dieses Gebäudes und unterstreicht das Streben der Universität, im Sinne von Öffnung und Internationalisierung neue Wege zu beschreiten.

The building is able to assert itself before its neigh-bours through the folds in its ceilings and walls. These folds also indicate the linkage between the building's various areas of use. The two entry levels are connect-ed by the broad inner staircase. ■ The fresh and par-tially unusual colour combinations underscore the open character of this building and the university's determi-nation to become an international institution.

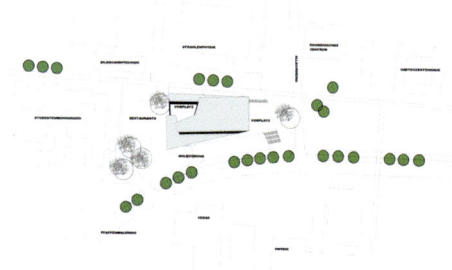

Lageplan | site plan

Bürohaus StEP 4

Vaihingen

Gropiusplatz 1

Architekten |
architects:
Archis Architekten
+ Ingenieure,
Karlsruhe

Bauherr |
builder-owner:
StEP Stuttgarter
Engineering
GmbH

Bauzeit |
construction time:
2000–2001

Foto | *photo*:
Archis Architekten
+ Ingenieure,
Karlsruhe

StEP 4 ist das Infrastruktur- und Dienstleistungszentrum des Engineering Parks mit 7.000 Mitarbeitern.
Über vier Geschosse sind ca. 9.000 m² Nutzfläche organisiert. Vier Kerne zeichnen sich auch außen ab und
beinhalten Erschließung und Service. Sie gewährlei-
sten variabel nutzbare Geschossflächen, in deren
Mitte durch alle Geschosse hindurch jeweils ein
Lichthof mit verglasten Aufzügen und ein Lichtauge
für zusätzliches Tageslicht und räumliche Beziehungen
sorgen. ■ Das Erdgeschoss orientiert sich mit
Arkaden zur Piazza hin. Einladend ist hier die
Gastronomie situiert. Shops sind in der inneren
Passage zu finden. Im ersten Geschoss ist das große
Selbstbedienungsrestaurant eingerichtet, dessen hoher, dreiseitig zur Piazza verglaster Saal auch für
Veranstaltungen genutzt wird. Im Gastbereich befinden sich intimere Holz-Sitzgruppen. Das Conference
Center mit großzügigem Foyer und Tagungsräumen sowie ein Fitnessstudio mit Terrasse finden Platz in den
weiteren Geschossen. ■ Die klare kubische
Außenfassade mit den großflächigen Verglasungen
zum Platz hin machen das Gebäude transparent und
wirken einladend.

StEP 4 is the infrastructure and service centre of the
engineering park. Four storeys house about 9,000 m² of
floor space. Four kernels can also be seen from the outside and provide variable usages for this space. Atria
with glazed lifts and light eyes furnish plenty of daylight
in all storeys. The clear, cubical exterior facade with extensive glazing renders the building transparent and
inviting.

Bürohaus StEP 9

Wankelstraße 14

Vaihingen

Das sechsgeschossige Bürohaus ist in Stahlskelett-bauweise (System Goldbeck) mit aussteifendem Stahl-betonkern ausgeführt. Als Entree präsentiert sich ein großzügiges, repräsentatives Atrium mit dreiseitig um-laufenden Erschließungsgalerien, das zur Eingangssei-te voll verglast ist. Über die frei auskragende Treppen-anlage und den offen geführten Doppelaufzug gelangt man in die Büroetagen. ■ Der Innenausbau kann nach Mieterwünschen individuell angepasst werden. Dabei sind Bürogrößen zwischen 150 und 800 m² möglich. Großer Wert wurde auf einen barrierefreien Ausbau gelegt. Der Boden ist mit Granit-Naturstein belegt – auf den Galerien poliert, auf der Treppe in geschliffe-ner Ausführung.

This six storey office building is executed as a steel skeleton (Goldbeck system) with reinforcing ferrocon-crete core. At the front is a broad, imposing atrium which has galleries on three sides and is fully glazed to-ward the entrance. The overhanging staircase and open double lift lead up to the office floors. ■ The interior construction can be adapted individually as each tenant may require. Office space between 150 and 800 m² is possible.

Architekten |
architects:
Archis Architekten
+ Ingenieure,
Karlsruhe

Bauherr |
builder-owner:
StEP Stuttgarter
Engineering
GmbH

Bauzeit |
construction time:
2002–2003

Foto | *photo*:
Archis Architekten
+ Ingenieure,
Karlsruhe

Bülow Plaza
Future Office World

Vaihingen   Industriestraße 4–6

Architekt |
architect:
Wolfgang
Kergaßner,
Ostfildern

Bauherr |
builder-owner:
Bülow AG,
Stuttgart

Bauzeit |
construction time:
2002–2004

Foto | *photo:*
Bernhard J.
Lattner, Heilbronn

Das Gebäudeensemble mit dem horizontal gegliederten und dem vertikalen Baukörper definiert ein neues Stadtquartier als Ort mit weithin sichtbarer Ausstrahlung. Beide Häuser sind durch eine räumlich erlebbare Bodenplatte zusammengefasst. Der Büroturm durchdringt die Platte; der lagerhaft herausgearbeitete Baukörper ruht auf einer künstlich gefalteten Landschaft. ■ Der zwanziggeschossige Büroturm visualisiert den Knotenpunkt städtischer Aktivität. Der Grundriss entspricht einem gleichschenkligen Kugeldreieck. Insbesondere sind die Geschlossenheit der Umrisslinie, Klarheit, Straffheit, Einfachheit und Ausgeglichenheit Merkmale seiner prägnanten Gestalt. Das Bürohaus ist geometrisch über ein schiefwinklig sphärisches Dreieck entwickelt und bildet den körperhaft steinernen Gegenpol zum gläsernen Büroturm. Die lagerhafte Erscheinung wird durch eine horizontal gegliederte Steinfassade verstärkt. Aus der Ruhe der Geometrie und der Masse des Baukörpers bildet das neue Bürohaus das Gravitationszentrum der morphologisch unklaren umgebenden Strukturen.

This ensemble defines a new city quarter with a charisma which can be seen a long way off. The houses are integrated through a ground plate and the construct rests on an artificially folded landscape. ■ The twenty story office tower visualises the node of city activity. Clarity, succinctness, simplicity and balance are its characteristics. It forms the stony counterpart to the glass office tower. ■ Out of the tranquillity of its geometry and its very mass, this new building becomes the centre of its morphologically unclear surroundings.

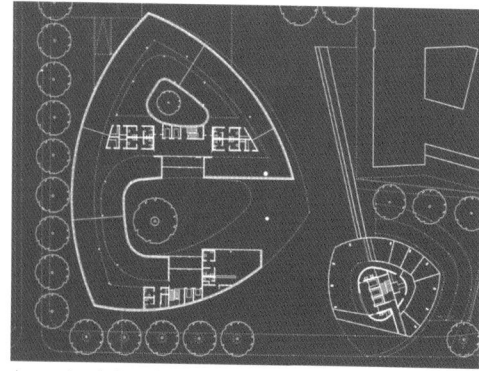

Lageplan | site plan

Debitel-Hauptverwaltung StEP 6

Vaihingen   Gropiusplatz 10

Architekten |
architects:
RKW Rhode
Kellermann
Wawrowsky,
Düsseldorf

Bauherr |
builder-owner:
I-Bank, Staats-
bank für Baden-
Württemberg,
StEP Stuttgarter
Engineering GmbH

Bauzeit |
construction time:
2000–2002

Foto | *photo*:
H.G. Esch,
Hennef

Das Industrieprojekt StEP ist hinsichtlich baulicher Umsetzung und Vermietung von Büroflächen auf fünfzehn Jahre ausgelegt. Bis 2014 soll das elf Hektar große Areal vollständig mit Gewerbebauten belegt und genutzt werden. Die Standortvorteile der neuen Debitel-Zentrale werden durch die Verwebung der städtebaulichen Struktur mit der Landschaft herausgearbeitet. ■ Die differenziert ausgebildeten Gebäudeelemente bilden als Ganzes den Gesamtauftritt, während sie einzeln Individualität und Abwechslung hervorheben. Die klare Baustruktur ermöglicht eine leichte Orientierung, die kompakte Bauweise gewährleistet Wirtschaftlichkeit. Ein Hochhaus bildet den städtebaulichen Nukleus, es überragt weithin sichtbar die zentrale Piazza des Parks. Über dem quadratischem Grundriss erschließen sich die sechzehn Büroetagen, die alle nach außen orientiert sind. Die geschlossenen Treppen- und Aufzugstürme sind dem verglasten Kernbau angegliedert. Über das zentrale, verbindende Rückgrat werden alle Gebäudeeinheiten verbunden. Gleichzeitig kann an diesem Rückgrat fortlaufend die zukünftige Erweiterung optimal organisiert werden.

The new Debitel administrative centre has a high rise at its core. Its differentiated building elements, considered as a whole, form its overall appearance whereas they accentuate individuality and variety. Sixteen office floors are accessed over the square ground plan. The closed stairwells and lifts are joined to the glazed core construct. The building units are connected via the central connecting spine.

DaimlerChrysler Global Training

Hauptstraße 31   Vaihingen

Mit der Umwandlung zweier brachliegender Industrie-
quartiere von 65 ha in zentraler Lage erhält die bestehende Ortsmitte neue Entwicklungsflächen und Qualitäten. Als Revitalisierung bildet die Anlage gemeinsam
mit der gegenüberliegenden „Schwabengalerie" und
der Wohnbebauung Rosenpark das neue lebendige
Zentrum. ■ Global Training ist der zentrale Qualifizie-
rungsbereich für den weltweiten Vertrieb, eine Begegnungsstätte für Mitarbeiter und Spezialisten aus aller
Welt und dient als Trainingsplattform für Management, Technik und Verkauf. Mit ca. 270 Mitarbeitern
werden 200 bis 400 Trainingsteilnehmer pro Tag mit
modernsten Kommunikationstechnologien qualifiziert.
■ Das Gebäude gliedert sich in zwei Bereiche: Das
viergeschossige Bürogebäude mit großzügiger Eingangshalle, TV-Studios und Seminarräumen sowie
den tieferliegenden, U-förmig sich um einen befahr-
baren Innenhof gruppierenden Hallenbereich zum
Training an Nutzfahrzeugen. Kantine und Aufenthaltsräume sind an einen das Gelände durchquerenden
Fußweg angegliedert. Unter Ausnutzung der nach Süden fallenden Topographie entstehen eine obere öffentliche und eine untere, vor Einblicken geschützte
Erschließungsebene für Personen und Fahrzeuge.

Global Training is meeting place and training platform for
employees and specialists. Seminar rooms, an entrance
hall and TV studios lie in the four storey office building.
Training on utility vehicles takes place in the U shaped
hall area grouped around the inner courtyard, which can
be driven in. The premises are traversed by a footpath
which passes by the cafeteria and recreation rooms.

Architekten |
architects:
KBK Architekten.
Belz Kucher Lutz,
Stuttgart

Bauherr |
builder-owner:
Senator h.c.
Rudi Häussler,
Stuttgart

Bauzeit |
construction time:
2003–2004

Foto | *photo*:
Roland Halbe,
Stuttgart

Stadtzentrum Vaihingen
Schwabengalerie

Vaihingen   Hauptstraße, Vaihinger Markt

Architekten |
architects:
Léon Wohlhage
Wernik Archi-
tekten, Berlin

Bauherr |
builder-owner:
Senator h.c.
Rudi Häussler,
Stuttgart

Bauzeit |
construction time:
2001–2004

Foto | *photo*:
Christian Richters,
Münster

Mit dem Wegzug einer Brauerei, die bis dahin die Ortsmitte beherrschte, bestand die Möglichkeit, endlich
ein Stadtzentrum zu begründen. So erhält der Ort mit
der Schwabengalerie zum ersten Mal ein Stück Stadt
in seine Mitte, das über öffentliche Gebäude und
Plätze verfügt. ■ Gefordert war eine amerikanische
Shoppingmall, eine in sich gekehrte klimatisierte Welt
– entworfen wurden Räume einer europäischen Stadt,
öffentliche Räume mit Plätzen und Gassen, die das
neue Quartier mit der Nachbarschaft verweben. So
rückt das bisher randständige alte Rathaus mit in die
Mitte und ein weiterer, sieben Meter höher gelegener
Platz wird zum Fokus von drei öffentlichen Straßen.
■ Zwischen beiden Plätzen stehen das neue Bürger-
forum sowie die Markthalle. Weitere Baumassen gliedern sich wie Stadtbausteine in drei Blöcke mit
Geschäften, Büros und dem Mo-Hotel von Daimler-
Chrysler. Das Kernstück des Ganzen ist ein Atrium, eine Glashalle mit eingebundenem Einzelhandel und
Gastronomie, die zwei Funktionen erfüllt: Sie ist das
winterliche Gegenstück zum offenen Platz und bildet
mit ihm eine Einheit, gleichzeitig belichtet das Atrium
die Tiefgaragenebenen und holt die Menschen hinauf
auf den Platz.

In order to form a city centre for this place at long last,
rooms of a European city were designed – public space
with squares and alleys which interweave the new
quarter with its neighbours. The previous old city hall
on the periphery stepped into the middle. The core
piece is an atrium, a glass hall with integrated retail
shops and gastronomy which form the wintry counterpart to the open square.

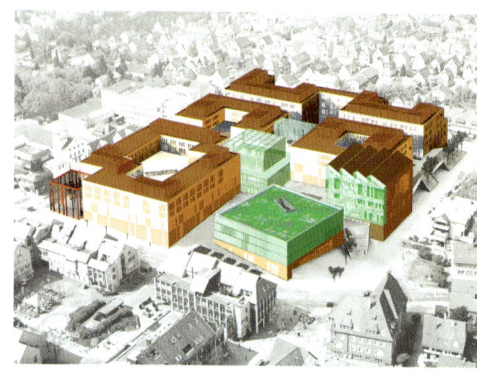

Fotomontage | photomontage

Haus Rohrer Höhe

Rohr

Musberger Straße 52

Architekten |
architects:
Herrmann +
Bosch, Stuttgart

Bauherr |
builder-owner:
Landeshauptstadt
Stuttgart

Bauzeit |
construction time:
1996–1998

Foto | *photo*:
Christian Kandzia,
Esslingen

Auf einer am Waldrand gelegenen Wiese mit Obst-bäumen konnte das Gebäude mit 71 Seniorenwohn-ungen unterschiedlicher Größe mit Pflegebereichen und Angeboten für die Tagespflege errichtet werden. Die zweigeschossige Eingangshalle verknüpft den un-teren Hauptzugang mit der oberen Eingangsebene, welche Läden, Taxivorfahrt und Busstation anbindet. Der Gemeinschaftsraum mit Bühne, der Speiseraum mit Café sowie ein Meditationsraum sind der Halle an-gegliedert. Der U-förmige Baukörper, der sich nach Süden zum Wald hin öffnet, bietet aus jeder Wohnung über die verglasten Loggien Blickbeziehungen zur Baumkulisse und bildet auf der Gartenebene eine ge-schützte Innenhofterrasse, auf die sich Speisesaal und Veranstaltungsbereich orientieren. ■ Naturhaft belas-sene Materialien bestimmen die Farben der Fassaden und die Stimmung der Innenräume: Eichenparkett, Lärchenholz für die Fassaden, Muschelkalk für die Böden, glatter Beton der Treppen, Birkefurnier für Türen und Schränke. Zu diesen Farbtönen wurde eine spezifische Chromatik für die Oberflächen der Flure und Gemeinschaftsräume in Analogie zur sich jahres-zeitlich verändernden Farbigkeit der Baumblätter in der Nachbarschaft entwickelt.

This building houses 71 residences for seniors with care areas. The foyer links the lower main entrance with the upper entrance level; commons room, dining room and meditation room are annexed. The U shaped con-struction encloses an inner courtyard terrace on the gar-den level, thus protecting it. Natural materials define the colours of the facades and the atmosphere in the rooms.

Brücke über das Nesenbachtal

Vaihingen

Die 151 Meter lange Straßenbrücke ist Kernstück der Ortsumfahrung Vaihingen. Die Brücke verfügt über zwei Richtungsfahrbahnen für den Fahrzeugverkehr und einen darüber verlaufenden Geh- und Radweg. Eine Betonfahrbahnplatte mit darunter liegendem Fachwerk und baumartige Stützen aus Stahlrohrprofilen bilden die Konstruktion. ■ Die Knoten und Fußpunkte der Stahlkonstruktion sind in Stahlguss ausgeführt. Die schlaff bewehrte Betonplatte ist monolithisch mit den angrenzenden Tunneln verbunden, also ohne schadensanfällige Lager und lärmerzeugende Fahrbahnübergänge. Stahlrohrbögen tragen den Geh- und Radweg. Darin sind abschnittsweise lamellenartige Schallschutzelemente aus Edelstahl integriert.

The street bridge, which is 151 metres long, is the centrepiece of the bypass around Vaihingen. It has two lanes for motor vehicle traffic and above these there is a passageway for pedestrians and bicycles. The construct is formed by a lane plate of concrete with skeleton framing below it and tree like supports of steel pipe profiles. ■ The nodes and foot points of the steel construction are of cast steel. The slackly sheathed concrete plate is connected with the adjacent tunnels monolithically, that is, without fault prone bearings and noise producing lane crossings. The pedestrian and bicycle passageway is supported by steel pipe arches with integrated sections of lamella sound insulation elements of steel.

Ingenieure | *engineers:*
Schlaich, Bergermann und Partner, Stuttgart

Bauherr | *builder-owner:*
Landeshauptstadt Stuttgart

Bauzeit | *construction time:*
1998–1999

Foto | *photo*:
Schlaich, Bergermann und Partner, Stuttgart

Ostumfahrung Vaihingen und verglaster Fußgängersteg Unterer Grund

Vaihingen

Österfeld

Architekten |
architects:
Kaag + Schwarz,
Stuttgart

Bauherr |
builder-owner:
Landeshauptstadt
Stuttgart

Bauzeit |
construction time:
1998–1999

Foto | *photo*:
Ines Krewinkel,
Sindelfingen

Die Rasterstrecke ist eine Einhausung aus Glas und Stahl und verlängert den Österfeldtunnel als Teil der 1,9 km langen Ostumfahrung. Sie schützt die Anwohner vor Straßenlärm und erleichtert den Autofahrern die Anpassung der Augen an die Lichtverhältnisse bei der Tunnelein- und -ausfahrt durch eine lichttechnische Bedruckung. Die Glasröhre ist im Querschnitt elliptisch, in der Längsachse um fünf Prozent geneigt und hat einen Radius von 1,8 km. ■ Zur Lösung aller geometrischen Fälle und der zu erwartenden dynamischen Lasten bei der Befestigung der Gläser an der Stahlkonstruktion wurden nur zwei Gussarme und spezielle tausalzwasserbeständige Edelstahl-Punkthalter entwickelt. Diese sind, vergleichbar einem menschlichen Gelenk, aus Sehnen und Gelenkschalen mit einem innen liegenden Stahlseil und zwei Kugelgelenken zweiachsig beweglich. ■ Die Halter tragen im Wechsel mit fixen Punkthaltern alle Lasten spannungsfrei ab. So wurden die technischen und funktionalen Anforderungen innovativ und ästhetisch in eine konsequente Gestalt umgesetzt.

The raster stretch is an enclosure of glass and steel and extends the Österfeld tunnel as part of the eastern bypass of Stuttgart-Vaihingen, which is 1.9 km long. It shields the residents of this area from highway noise and helps drivers' eyes to adjust to changes in light intensity when driving into and out of the tunnel. ■ For the anticipated dynamic loads on the anchorage of the glass to be dissipated, only two cast arms and special stainless steel point holders were developed. These are free to move along two axes and, alternating with fixed point holders, bear all loads without stress.

Züblin Z-Zwo

Vaihinger Straße 161

Möhringen

15 Jahre nach dem Bau ihrer Hauptverwaltung von Gottfried Böhm wünschte sich die Züblin AG ein Verwaltungsgebäude für 350 Mitarbeiter. Die Vorgaben für dieses markante Gebäude in Bezug auf Länge und Proportionen der Flügel wurden auf den neuen Bau übertragen. ■ E-House, neue Arbeitswelten und Niedrigenergietechnik sind die aktuellen Themen. Bug und Heck des Gebäudes sind im Süden konvex und im Norden konkav gekrümmt. Sie wölben sich jeweils dem Betrachter entgegen. Der Blick gleitet entlang der horizontalen Bänder immer weiter um das Gebäude, ohne eine Ecke oder Kante zu finden. Die weiche und geschmeidige Form wird durch das sanfte, wellenförmige Zurückweichen einiger Ebenen noch verstärkt. ■ Auf geschwungenen Treppenläufen mit ovalem Auge, vorbei an bunten Streifen führt der Weg steil hinauf zu den Bürobereichen, die durch Glastrennwände gegliedert sind. Es finden sich „territoriale" und „nicht-territoriale" Arbeitsplätze. Desk Sharing ist ebenso vertreten wie Zellen- und Teambüros. Die Querwände werden aus Gipskarton ausgeführt, um entsprechendem Schrankraum Platz zu bieten. ■ Büroarbeit bedeutet hier nicht mehr Arbeit an einem festen Ort und zu einer festen Zeit – alles ist flexibel.

Architekten | architects:
Eike Becker_ Architekten, Berlin

Bauherr | builder-owner:
Züblin Projektentwicklung GmbH

Bauzeit | construction time:
2000–2002

Foto | photo:
Roland Halbe, Stuttgart

The new administrative building of the Züblin AG accommodates the requirements from its headquarters. The building's prow and stern arch toward the observer, with its elastic form being reinforced by receding wave like levels. Swinging staircases lead office areas separated by glass walls. There are both "territorial" and "non territorial" desks – the office work is flexible.

Degerloch
Hohenheim
Sillenbuch
Heumaden

Bezirksärztekammer Nordwürttemberg

Jahnstraße 5   Degerloch

Die Heterogenität des städtebaulichen Umfeldes be-
einflusste den Entwurf: Die Bruchkante zwischen der
Filderebene, der Neuen Weinsteige zum Talkessel,
Gründerzeitbebauung und Nachkriegsarchitektur der
1970er bis 90er Jahre bestimmen das Bild. Das Grundstück – schmal und mit über zwei Geschossen Höhen-
differenz – schränkt ein und gibt dennoch die Kraft einer eigenständigen Ausprägung. ■ Der skulptural
interpretierte Baukörper definiert Raumkanten des umtriebigen Umfeldes und differenziert in seiner Ausformung zwischen geschlossenen immissionsbelasteten
Fassaden und einer zum Panorama auf die Stadt radi-
kal offenen Geste. Die Fassade mit schwarzen Faserzementplatten und den rhythmisierenden Fenster-
schlitzen schließt sich fast ganz zur Jahnstraße. ■ Zur
Talseite verkehrt sich das Prinzip mit den raumhohen
Glaswänden, hinter denen sich die Büroräume teilweise mit eigenen vorgelagerten Wintergärten oder Terrassen aneinander reihen und beste Aussicht bieten. Aus
dem viergeschossigen Riegel entwickelt sich ein nie-
drigerer Baukörper. Der Anbau mit Terrasse beherbergt
den darunter liegenden großen Vortragssaal mit großem Panoramafenster.

The design was influenced by the heterogeneity of the
environment. The narrow property of unlevelled ground
is indeed confining, but it does lend the building the
strength of an independent development. The sculptural
structural parts define spatial edges of the surroundings
and differentiate between closed facades and a radical
openness to the town. While the facade is closed to the
street, this principle changes to its opposite with glass
walls of room height facing toward the valley.

Architekten |
architects:
Aldinger &
Aldinger, Stuttgart

Bauherr |
builder-owner:
Bezirksärzte-
kammer Nord-
württemberg

Bauzeit |
construction time:
2002–2004

Foto | *photo*:
Roland Halbe,
Stuttgart

Quartier am Zahnradbahnhof
Wohnen für Senioren

Degerloch   Jahnstraße 14

Architekten |
architects:
Kaag + Schwarz,
Stuttgart

Bauherr |
builder-owner:
SWGS Stuttgarter
Wohnungs- und
Städtebaugesell-
schaft GmbH

Bauzeit |
construction time:
1998–2000

Foto | *photo*:
Werner Dietrich,
Stuttgart

Der dritte Bauabschnitt komplettiert die im Jahre 1992 begonnene städtebauliche Entwicklungsmaßnahme „Am Zahnradbahnhof". Im Zuge der Verlegung des Endbahnhofs der Zahnradbahn entstanden weitere Mietwohnungen sowie betreute Seniorenwohnungen mit Gemeinschaftseinrichtungen. Das Gebäude schließt im Osten unmittelbar an die Wohnbauten des zweiten Bauabschnitts an und bildet eine geschlossene fünfgeschossige Blockrandbebauung zur Jahnstraße. ■ Die 33 Senioren-Wohneinheiten sind barrierefrei ausgestattet. Der großzügige Wohn- und Essbereich kann über eine Schiebetür um den Schlafraum erweitert werden. Die geschosshohe Verglasung gibt den Blick nach außen frei und wertet den Erschließungsbereich zur kommunikativen Zone auf. Alle Wohnungen besitzen eine großzügige Loggia, im Hofgeschoss zusätzlich einen kleinen vorgelagerten Garten. Mit den beschränkten Mitteln des sozialen Wohnungsbaus wurde eine Mischung von Wohn- und Lebensformen verschiedener Generationen in einem hochwertigen Wohnumfeld integriert.

When the terminal station for the cogwheel train was moved, one of the side products was 33 residences for seniors which are looked after and have entrances without barriers as well as community facilities. ■ The generous living and dining area in each residence can be expanded to a bedroom by a sliding door. Each flat has an access area of its own directly in front of it, suitable as a place for meeting others. Glazing of full storey height gives a clear view of the outdoors and upgrades the common areas to a communicative zone.

Neuapostolische Kirche

Leinfeldener Straße 23   Degerloch

Der Kirchenraum im Erdgeschoss eines Wohnhauses von 1914 wurde 1957 durch einen seitlichen Anbau vergrößert. Um den heutigen Anforderungen an ein Kirchengebäude zu genügen, brachte man den Hauptkirchenraum in einem separaten Baukörper unter, der durch eine verglaste Zäsur vom Altbau abgelöst ist. So entstanden zwei klar ablesbare Gebäudeteile, die im Maßstab den umgebenden Mehrfamilienhäusern entsprechen. ■ Der Kirchenraum bildet mit seinem Wechselspiel aus geschlossenen Wandscheiben und Glasflächen bewusst einen Kontrast zur Fassade des Altbaus und verdeutlicht so seine Nutzung. Der lichte Innenraum mit der neu gestalteten Orgel bietet 150 Gemeindemitgliedern Platz. Einschließlich Mehrzweck-, Unterrichts- und Kinderraum kann das Kirchengebäude von 250 Personen gleichzeitig genutzt werden.

The church room on the ground floor of a residential house from 1914 was enlarged through an extension on a side in 1957. To take care of today's requirements for a church building, the main church room was placed in a separate construct which is detached from the old building by a glazed cut. This led to two clearly distinguishable building parts, which are of comparable dimensions to the surrounding multiple family houses. ■ With its interplay of closed wall slabs and glass surfaces, the church room forms a purposeful contrast to the facade of the old building, thus giving a hint of its actual use. The clear inner room with its newly designed organ provides room for 150 church members. With its multi purpose, study and children's room, the church building can be used by as many as 250 persons at the same time.

Architekten | architects:
Dasch Zürn von Scholley, Stuttgart

Bauherr | builder-owner:
Neuapostolische Kirche Württemberg

Bauzeit | construction time:
1995–1996

Foto | photo:
Dasch Zürn von Scholley, Stuttgart

Tribünenüberdachung Waldau Stadion

Degerloch

Guths-Muths-Weg

**Architekten |
architects:**
Herrmann +
Bosch, Stuttgart

**Bauherr |
builder-owner:**
Landeshauptstadt
Stuttgart

**Bauzeit |
construction time:**
1997–1998

Foto | *photo*:
Herrmann +
Bosch, Stuttgart

Das Waldaustadion liegt inmitten einer großen städtischen Sportanlage am Rande des Stadtwaldes unter dem Fernsehturm. Es wird vorwiegend für die Spiele der Stuttgarter Kickers genutzt. Außer einer fernsehgerechten Flutlichtanlage und neuen Stehtribünen war eine Überdachung von ca. 1.800 m² für die bestehende Gegentribüne zu planen. ■ Es wurde eine tragflügelförmige Furnierschichtholz-Konstruktion gewählt, um zwei Ziele zu erreichen: Im heterogen bebauten Umfeld der städtischen Sportanlage ist dem Stadion einerseits mit einem geometrisch einfachen, kraftvollen Bauwerk eine neue Identität gegeben worden, zum anderen konnte die Dachkonstruktion sensibel in den Grünraum des Stadtwalds eingefügt werden. ■ Besonders auf die Gestaltung der von der Besucherterrasse des Fernsehturms einsehbaren Dachfläche wurde Wert gelegt. Die Idee für das Dach war, einen über den Zuschauern schwebenden Flügel zu entwerfen, dessen Konstruktion nur in Form der Abstützung in Erscheinung tritt. Es wurde ein fischbauchartiges Dachprofil entwickelt, bei dem alle Elemente tragend ausgebildet sind und sich im Inneren dieses Profils befinden.

The new roof of the visitors' stands was intended to give the stadium a new identity, whereby the roof construction had to fit into the greenery of the surrounding city woods. The idea was that of a wing hovering over the spectators, its construction only appearing in the form of a support. A roof profile that resembles a fish belly was developed. All its elements are depicted as supports and are located inside it.

Haus des Waldes

Königsträssle 74 | Degerloch

Das Ausstellungs- und Seminargebäude liegt unweit des Fernsehturms mitten im Stadtwald und bietet so ausgezeichnete Erlebnismöglichkeiten im Freien. ■ Durch transparente Ausstellungsflächen wird der Bezug der Ausstellungsinhalte zum umliegenden Wald deutlich. Entsprechend seiner Funktion als Ausstellungsschwerpunkt erhielt das Haus einen rundum verglasten Hallenbereich zur Einbeziehung und Beobachtungsmöglichkeit des umliegenden Waldraums und der Umgebungseinflüsse aus Jahreszeit und Witterung. ■ Eine filigrane Konstruktion aus Brettschichthölzern überspannt bogenförmig den flexibel nutzbaren Hallenbereich. Die im zweigeschossigen Teil des Gebäudes untergebrachten kleinteiligeren Räume gliedern die Gebäudehülle entsprechend ihrer jeweiligen Anforderungen in geschlossene, mit unbehandeltem Holz verschalte oder in mit Fensterbändern versehene Teile. Da die gesamte Konstruktion des Gebäudes auf den natürlich nachwachsenden Rohstoff Holz zurückgreift, veranschaulicht sie das komplexe System der Holznutzung und Holzverwendung und die dementsprechende Schonung anderer, nicht erneuerbarer Ressourcen.

In keeping with its function as a focus for exhibitions, the House of the Woods received a glazed hall area all around it so that the surrounding woods are included. ■ A filigree construction of laminated wood spans the hall area, which is flexible in its possible uses, in a bow. The more fragmented rooms in the part of the building with two storeys subdivide the building hull in accordance with the requirements placed on it. The entire construction of this building falls back on wood as its raw material.

Architekten | architects: Jockers Architekten, Stuttgart

Bauherr | builder-owner: Land Baden-Württemberg

Bauzeit | construction time: 1995–1996

Foto | photo: Martin Duckek, Ulm

69

Haus R 128

Degerloch   Römerstraße

Architekt |
architect:
Werner Sobek,
Stuttgart

Bauherr |
builder-owner:
Ursula und
Werner Sobek,
Stuttgart

Bauzeit |
construction time:
1999–2000

Foto | *photo*:
Roland Halbe,
Stuttgart

Das viergeschossige Gebäude befindet sich auf einem steilen Grundstück am Rande des Talkessels. Es wurde als emissionsfreies Nullheizenergie-Gebäude entworfen. Das vollkommen verglaste Gebäude besitzt eine hochwertige Dreifachverglasung. Es ist modular aufgebaut und aufgrund des Zusammenbaus durch Steck- und Schraubverbindungen nicht nur leicht auf- und abbaubar, sondern auch vollkommen rezyklierbar. ■ Der Zugang zum Gebäude erfolgt über eine Brücke, die an die oberste Ebene führt. Hier befinden sich Küche und Essbereich. Nach unten schließen sich die Wohn-, die Schlafebene und das Kinderzimmer an. Die vier Nutzungsebenen werden jeweils durch wenige Möbelstücke definiert. Damit wird das Konzept der maximalen Transparenz auch im Inneren des Bauwerks konsequent umgesetzt. ■ Die durch die Fassade in das Gebäude eingestrahlte Sonnenenergie wird über wasserdurchflossene Deckenelemente absorbiert und anschließend einem Wärmespeicher zugeführt, aus dem das Gebäude im Winter durch Umkehrung des Wärmeaustauschprozesses beheizt wird. Die Deckenelemente wirken dann als Wärmestrahler; eine zusätzliche Heizung ist nicht erforderlich.

The modular house was designed as an emission free, zero heating energy building. Through plug and screw connections it can easily be assembled and dismantled or completely recycled. Energy from sunlight shining in is stored. The building is accessed by a bridge which leads to the top storey with a kitchen and eating area. The living and sleeping level as well as the children's room follow below.

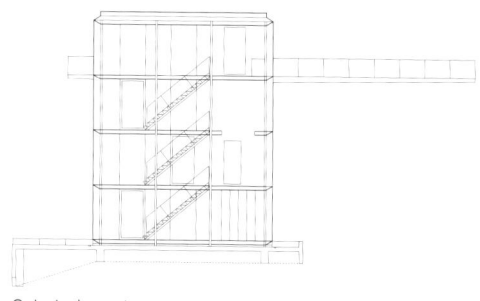

Schnitt | section

SIMT Stuttgart Institute of Management and Technology

Hohenheim   Filderhauptstraße 142

Architekten | architects:
Haag • Haffner • Stroheker, Stuttgart

Bauherr | builder-owner:
LEG Landesentwicklungsgesellschaft, Stuttgart

Bauzeit | construction time:
2000

Foto | photo:
Roland Halbe, Stuttgart

Die private Universität SIMT erhielt am Rande des Universitätscampus von Hohenheim ein Gebäude mit Seminar- und Schulungsräumen sowie Büros für den Lehrbetrieb und die Verwaltung. Über einen großzügigen Platz gelangt der Besucher in die zentrale Halle, die mit durchlaufenden Stufen auch als Aula funktioniert. ■ Von dort werden die anderen Ebenen über Treppen, Rampe und Aufzug erschlossen. ■ Die Staffelung der Geschosse folgt dem vorhandenen Geländeverlauf. Nach Süden und zum Grün hin ist die Cafeteria orientiert. Um dem Anspruch eines im Inneren möglichst offenen Hauses zu entsprechen, das die Interaktion und die Kommunikation zwischen Lehrenden und Studierenden fördert, wurde völlig auf abgeschlossene Flure verzichtet. Dafür sind sämtliche Nutzungen mit Verwaltung und Seminarbereichen an außen liegende Umgänge angebunden. Bis auf einige bewusst gewählte Farben wird das Gebäude durch die eingesetzten Materialien Metall, Beton, Holz und Glas und deren Farbgebung geprägt.

The Hohenheim campus of the SIMT, a private university, received a building with seminar rooms and offices. One goes over a large square to reach the central hall, which also serves as an auditorium with steps passing through it. The other levels are entered from there. ■ The storeys are staggered in accordance with the existent terrain. In order for this building to be as open as possible, closed corridors were not used at all; rather, all usages with the administrative and seminar area are connected to passageways around the building's exterior. Metal, wood and glass dominate the colour scheme.

Internationale Schule

Sigmaringer Straße 257

Degerloch

Das Gebäude erweitert die bestehende Schule aus dem Jahr 1998 mit einem Kindergarten, einer Grundschule, Verwaltungsräumen und einer Sporthalle. ■ Das vorgefundene kammartige Baukörperprinzip wird fortgeführt und mit einem Gegenschwung harmonisch zum Abschluss gebracht. Dabei wirkt die Sporthalle als dritter Finger, als Bindeglied zwischen den beiden Teilen. Der Hauptkörper zeigt sich mit einladender Geste zur Eingangsseite und mit einem weitgehend geschlossenen Rücken zur höher gelegenen B 27. ■ Das zweigeschossige Schulgebäude bietet eine gute Übersichtlichkeit und Orientierung. Alle Funktionen bis hin zur Sporthalle sind entlang des durchgehenden Mittelflurs aufgereiht. Dieser Flur, der sich über die Pergola bis in das bestehende Gebäude verlängert, stellt gleichzeitig den Weg eines Schülers vom Kindergarten bis zur Oberstufe baukörperlich dar. Sämtliche Klassenräume orientieren sich zur ruhigeren Ostseite, die kleineren Kursräume zur Westseite. Der großzügige Flur mit Oberlichtband wirkt als interne Straße mit Aufweitungen und Plätzen und schafft dadurch wertvolle Spielflächen. Der Eingangsbereich trennt organisatorisch die Bereiche Kindergarten und Grundschule.

Here the existent school building is extended by a kindergarten, a primary school, administrative rooms and a gymnasium so that its principle of chamber like structural parts is continued. The gymnasium serves as a link between both parts. The hallway with its clerestory strip proceeds from end to end, serving as an indoor street. Through the functions leading off from it, it symbolises the pupil's path from kindergarten to the upper form.

Architekten | *architects:* Ackermann & Raff, Tübingen

Bauherr | *builder-owner:* International School of Stuttgart e.V.

Bauzeit | *construction time:* 2000–2001

Foto | *photo*: Ackermann & Raff, Tübingen

73

Katholische Akademie

Hohenheim   Paracelsusstraße 91–93

Architekten |
architects:
Lederer-
Ragnarsdóttir-Oei,
Stuttgart

Bauherr |
builder-owner:
Diözese
Rottenburg-
Stuttgart,
Bischöfliches
Ordinariat

Bauzeit |
construction time:
1996–1999

Foto | *photo*:
Roland Halbe,
Stuttgart

Das Akademie-Gebäude der 1960er Jahre wurde mit dem Neubau ergänzt. ■ Für die Erweiterung um 24 Gästezimmer, einen Saal, die Kapelle mit Sakristei und den Clubraum mit Foyerbereich blieb im nördlichen Teil ein dreieckförmiges Grundstück. Durch die vorgegebene Form und Länge des Grundstückes sind die Räume nun in einer S-Kurve angeordnet. Mit dem Kunstkniff der langen Mauer zur Straßenseite, die die gesamte Baumaßnahme verbindet, macht die städtebauliche Gestalt wieder Sinn. Auch erhielt man dadurch einen introvertierten Hof – einen der Ruhe und Besinnung gewidmeten Freiraum. Alle Zimmer orientieren sich zum Botanischen Garten gegenüber. ■ Die Materialisierung spielt eine große Rolle, denn die Einrichtung hat es sich zur Aufgabe gemacht, besonderen Dingen unseres Lebens in unterschiedlichen Bereichen außerhalb des Alltags Zeit widmen zu können: So sind die Balkone der Gästezimmer aus Weidenkörben gefertigt, es gibt kleine Sitznischen in der Mauer des Erdgeschossflures und die Kapelle ist wie eine Holzschatulle im weißen Erdgeschoss untergebracht. Vertrautes Material löst so unerwartete Begegnungen aus.

The academy building of the 1960's has been extended with new construction. A triangular piece of land was available in the northern part. The rooms are arranged in an S- shaped curve because of the prescribed form and the length of the property. The long wall, which joins the entire construction project, faces the street. The result is an introverted courtyard, free space dedicated to reflection and tranquillity. All rooms face the botanical garden on the other side.

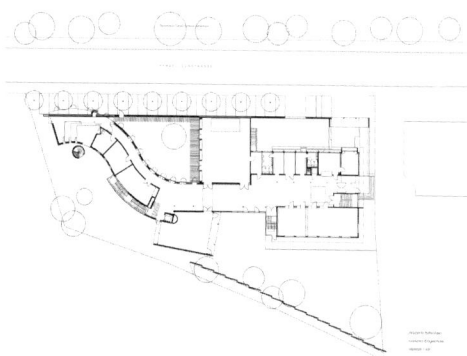

Grundriss Erdgeschoss | ground plan ground floor

Stadtbahnhaltestelle Waldau

Degerloch   Georgiiweg

Architekten |
architects:
Unold Architekten
und Ingenieure,
Stuttgart

Bauherr |
builder-owner:
VVS
Verkehrsverbund
Stuttgart

Bauzeit |
construction time:
1999–2000

Foto | *photo*:
Roland Unold,
Stuttgart

Die offene Haltestelle liegt inmitten von Sportanlagen und Grünflächen beim Fernsehturm. Für die Überdachung wurde ein leichtes, zeltartiges Membrandach mit einer Fläche von 360 m² entworfen. Die örtliche Situation der Tieflage mit einer Aufkantung zur Straße hin führte zu der bogenartigen Tragkonstruktion. Sie spannt zwischen der oberen Stützmauer und den tiefer gelegenen Pfeilern und ist von einer doppelt gekrümmten Membran aus beschichtetem Glasfasergewebe überdeckt. ■ Die Bogenkonstruktion setzt sich aus vier, im Abstand von 7,5 Meter stehenden Dreigurtbindern aus Edelstahl zusammen, und ist nach dem Prinzip des Vierende-L-Trägers aufgebaut. Die Geometrie ist der Beanspruchung entsprechend ausgebildet und folgt einem kreissegmentähnlichen Polygonzug mit geradem Endstil. Die Membran liegt auf Gratseilen in den Bogenachsen auf und ist an ihren freien Rändern über Randseile gefasst. Am oberen Auflager ist sie über Klemmleisten kraftschlüssig am Betonsockel eingespannt, an der gegenüberliegenden Seite sind die Grat- und Randseile über Knotenbleche und gabelförmige Halterungen mit den Anspannseiten verbunden.

A light, tent like membrane roof with a surface area of 360 m² was designed for the roofing of this open train stop. The local situation of the low level and the tilted angle to the street led to the bow shaped supporting construction. It spans between the upper supporting wall and the lower lying pillars and is covered by a double flexed membrane of a coated fibre glass weave.

Kinderhaus Heuschrecken

Dattelweg 33a

Riedenberg

Architekt und eine private Eltern-Kind-Initiative planten gemeinsam das Haus, das mit einem knappen Budget auskommen musste. Der Garten mit großem Holzdeck wird als Spielraum mit einbezogen. Das winkelförmige Gebäude öffnet sich mit einer großzügigen Glasfassade zur Südseite mit Pergola und Terrasse und schottet sich nach Norden ab. Das Erdgeschoss nimmt nicht nur die notwendigen Funktionsflächen wie Bad, Küche und Garderoben auf, sondern bietet zusammen mit dem großem Gemeinschaftsraum Platz zum Spielen und Essen. Unter dem auskragenden Obergeschossriegel liegt die „hölzerne Box" – ein Raum zum Turnen und Toben. Die Treppe mit Liegehöhle, Puppenecke und integriertem Regal führt ins Obergeschoss. Während das Erdgeschoss vorwiegend von kleineren Kindern genutzt wird, ist hier das „Reich der Großen", der Hortkinder, mit eigener Terrasse und Blick auf den Garten. Schlafräume und ein Büro „verstecken sich" im hinteren, ruhigeren Teil des Geschosses. ■ Entsprechend der altersspezifischen Nutzung heben sich die beiden Geschosse in Material und frischer, kräftiger Farbigkeit voneinander ab. Die blaue Fassade des Obergeschosses erinnert selbst an trüben Tagen an einen Sommerhimmel.

The house, which was jointly planned with a private initiative, faces the south with a large glass facade and seals itself off to the north. The ground floor with functional areas and a common room is generally used by the smaller children, whereas the upper storey is the "Realm of the Big". The storeys differ in material and colours in accordance with their differing, age dependent uses.

Architekten | architects:
Beckus Beckmann, Wiesbaden

Bauherr | builder-owner:
Eltern-Kind-Gruppe Heuschrecken e.V., Stuttgart

Bauzeit | construction time:
1998–1999

Foto | photo:
Holger Zimmer, Wiesbaden

Grundschule Riedenberg Erweiterung

Riedenberg   Klara-Neuburger-Straße 2

Architekten |
architects:
Kamm
Architekten,
Stuttgart

Bauherr |
builder-owner:
Landeshauptstadt
Stuttgart

Bauzeit |
construction time:
2003

Foto | *photo*:
Christian Richters,
Münster

Die erst Jahre zuvor eröffnete Grundschule in einem neuen Wohngebiet war schnell zu klein geworden, es fehlte an Klassenräumen. In kurzer Bauzeit musste mit einem low Budget Abhilfe geschaffen werden. Aufgrund der Hanglage steht das Gebäude auf Stützen und wirkt so von der Kemnater Straße als schwebe es. Es fasst nun räumlich den Pausenhof, der sich dadurch zu einer Art Campus entwickelt. ■ Von innen ist der Blick aus den Klassenzimmern eher „erhaben" über die Landschaft. ■ Der Holzbau auf Stahlstützen und mit Stahl-Holzrost ist in Vorfertigung erstellt worden. Seine Grundstruktur einschließlich fertig beplankter und lasierter Oberflächen wurde in vier Tagen wie ein großer Bausatz vor Ort zusammengeschraubt. Am fünften Tag wurde bereits die Dachhaut aufgebracht. Durch Einschnitte, Schlitze und Löcher wurde das Gebäude gestalterisch bearbeitet. Große Holztafelplatten bilden die Oberflächen: Außen dienen großformatige naturbelassene Douglasie-Platten als Witterungsschutz, innen dominieren Fichteplatten. Es wurden bewusst keine Farben aufgetragen, um das natürliche Material Holz auch natürlich zu belassen.

When the primary school had become too small, new classrooms had to be created with little money. The new wood based construction was built of prefabricated parts which were screwed together on site over a period of just four days. It stands on steel supports and was given an artistic appearance by means of cuts, slits and holes. The surface is made of large wooden panels. The wood was to be left in a natural state, no paint was applied.

78

Kleinturnhalle der Deutsch-Französischen Grundschule

Corneliusstraße 22a

Sillenbuch

Die Halle wird harmonisch durch Wiese, Bäume und Schulgarten umschlossen. Durch die zweigeschossige Anordnung der Nebenräume wurde die natürliche Topographie geschickt genutzt und die erforderlichen Eingangsbereiche für Schüler und Vereinssportler getrennt. Die Halle orientiert sich mit ihrer geschosshohen Glasfassade zum Schulhof. Der weite Dachüberstand übernimmt die Funktion des Sonnen- und Witterungsschutzes. Auf Sitzhöhe ist ein Lärchenrost angebracht, der sich witterungsgeschützt als interessanter Ort zum Verweilen anbietet. ■ Holz, vorpatiniertes Kupfer und Glas bestimmen durch ihre naturbelassenen, materialspezifischen Eigenschaften das Erscheinungsbild. Große transparente Glasfassaden kontrastieren mit geschlossenen Wandflächen. Die Konstruktion aus Brettschichtbindern in Verbindung mit Stahlbetonscheiben ermöglicht ein wirtschaftliches Tragwerk. Dachdeckung und Bekleidung der Stirnwände wurden aus Gründen der Langlebigkeit und der niedrigen Instandhaltungskosten in vorpatiniertem Kupfer ausgeführt. Be- und Entlüftung der Halle erfolgen vollständig über Lamellenfenster, wobei die Thermik der aufsteigenden Warmluft unter dem schrägen Dach ausgenutzt wird.

Architekten | architects:
bau-werk-stadt, Stuttgart

Bauherr | builder-owner:
Landeshauptstadt Stuttgart

Bauzeit | construction time:
1998–1999

Foto | photo:
Angelo Kaunat, Graz/A

The school's gymnasium is surrounded harmoniously by meadow, trees and the school's garden. Its glass facade, which is a full storey high, faces the school courtyard. Besides the glass, wood and patined copper determine its appearance. Large transparent facades contrast with closed wall surfaces. The roof's broad projection protects from the sun and poor weather. The building's pleasant ventilation is provided entirely by lamella windows.

Zwei Mehrfamilienhäuser

Heumaden   Bildäckerstraße 14 + 22

Architekten |
architects:
Kaiser + Kaiser,
Stuttgart

Bauherr |
builder-owner:
SWSG Stuttgarter
Wohnungs- und
Städtebaugesell-
schaft mbH

Bauzeit |
construction time:
2000–2001

Foto | *photo:*
Hans-Dieter
Kaiser, Stuttgart

Die beiden Häuser sind Teil der Nachverdichtung der SWSG-eigenen, öffentlich geförderten Siedlung Bockel-straße aus den 1950er Jahren. In jedem Haus befin-den sich 13 Eigentumswohnungen: Drei-Zimmer-Woh-nungen und Drei- und Vier-Zimmer-Maisonettes. ■ Die Erschließung der Wohnungen über Treppe oder Auf-zug erfolgt durch verglaste Laubengänge, die nach Norden insgesamt ein großes Fenster bilden. Über vertikale Verglasungen erhalten die Wohnungen Licht über den Gang und erlauben manchmal kleine Ein-blicke in die Privatsphäre. Nach Süden bilden sich die vorgelagerten Freizeitzonen mit Wintergärten oder Bal-kons aus, in den obersten Etagen mit Dachterrassen. Ein energetisch sinnvolles Materialkonzept zu errei-chen war das Ziel: Es entstand ein Massivbau mit vor-gelagerten Nutzzonen als Wärmepuffer – Bauen mit Sonne und Licht.

Both houses are additions to the state-aided Bockel-strasse settlement from the 1950's, which belongs to the SWSG, one of Germany's largest communal hous-ing companies. Each house has 13 condominiums. They are made accessible through glazed access galleries which, taken together, form a large window facing to the north. Through vertical glazing the condominiums re-ceive light via the gallery, which sometimes permits small views into private areas. Personal recreation zones with winter gardens or balconies hang out on the south side, with the top storeys having roof terraces. The goal was to achieve a materials concept which is reasonable from the point of view of energy. The result was a massive construction with protruding usage zones as heat buffers – construction with sun and light.

Feierhalle Friedhof Heumaden

Brachetweg 4

Heumaden

Dem Raumkonzept der Feierhalle liegt die Absicht zugrunde, eine Atmosphäre zu erzeugen, die neben der Endlichkeit des menschlichen Lebens und der Konzentration auf das zu verabschiedende Individuum auch eine Wahrnehmung des ewigen Wandels der irdischen Existenz ermöglicht und eine Beziehung zu den natürlichen Lebensabläufen anbietet. So soll vom Innenraum ein größtmöglicher Bezug zu einem äußeren, lebenden Naturraum hergestellt werden. ■ Nach dieser Entwurfsmaxime ist die gesamte nördliche Raumbegrenzung der Feierhalle zu einem begrünten und behutsam gestaltetem Innenhof geöffnet. Zur Verstärkung der Auflösung der Grenzen von Innen und Außen werden die den Innenraum begrenzenden Wand- und Deckenscheiben unmittelbar in den Außenraum weitergeführt. Der Standort des Sarges wird durch eine geöffnete Lichtlaterne im Deckenbereich betont. Durch die natürliche Beleuchtung wird ebenfalls ein Bezug zu den wechselnden Lichtverhältnissen aufgebaut. Dieses Beleuchtungsprinzip wird auch in den Aufbahrungszellen realisiert.

The main concept for the memorial hall was creation of a relationship of the inner room to the exterior, living room of nature. ■ The halls' entire northern boundary opens up to a planted and carefully arranged inner courtyard; the wall and ceiling slabs bordering the inner room are continued directly to the outer room. The location of the coffin is accentuated by an opened skylight. The natural illumination builds up a relationship to the changing light. This principle of illumination is also implemented in the cells where the body is laid out.

Architekten | architects: Schirmbeck & Weber, Stuttgart/Weimar

Bauherr | builder-owner: Landeshauptstadt Stuttgart

Bauzeit | construction time: 2000–2001

Foto | photo: Carola Franke-Höltzermann, Ostfildern

81

Botnang
West
Süd

Gradmann-Haus

Fohrenbühlstraße 10

Kaltental

Das Gradmann-Haus liegt in reizvoller Lage am Rande eines Wohngebietes und hat nach Norden freien Blick über das Elsental. Das weitläufige Grundstück bot die Chance, das Haus frei von innen heraus zu entwickeln. Es kombiniert verschiedene Angebote für ältere Menschen: Neben einem Stadtteiltreffpunkt und betreuten Seniorenwohnungen bietet das Zentrum in einer Tagespflege zwölf teilstationäre und in zwei Wohngruppen 24 stationäre Plätze für an Demenz erkrankte Menschen. ■ Die Anlage ist nach dem vertrauten Leitbild einer Dorfstraße konzipiert. Ihre Teile sind deshalb leicht ablesbar und dienen der Orientierung. An einer glasüberdeckten, lichtdurchfluteten Wandelhalle, die das Rückgrat der Anlage bildet und sich als Treffpunkt für alle im Haus lebenden und arbeitenden Menschen anbietet, liegen die eingeschossigen Pavillons für die stationäre Pflege und die Räume der Tagespflege wie Häuser an einer Straße. ■ Die kräftigen Farben in den inneren Loggien vor den Zimmern und im Sanitärbereich dienen der Orientierung und bietet Anregungen. Die übrigen Wände sind zurückhaltend mit Holzplatten verkleidet, so dass beim Umherwandeln eine Folge unterschiedlicher Eindrücke entsteht.

The house combines a meeting place for the city district, apartments for senior citizens being cared for and places for patients with dementia. A lobby covered by glass and flooded with light serves as "village street". Pavilions for stationary care and rooms for daily care go off from it as if they were houses. The strong colours in the indoor loggias before the rooms and in the vicinity of the sanitary facilities also reinforce one's sense of direction.

Architekten | architects: Heeg, Herrmann + Bosch, Stuttgart

Bauherr | builder-owner: Erich und Liselotte Gradmann-Stiftung

Bauzeit | construction time: 1999–2001

Foto | photo: Christian Kandzia, Esslingen

Verwaltung Landwirtschaftliche Sozialversicherungen Instandsetzung

Kaltental

Vogelrainstraße 25

Architekten |
architects:
Herrmann +
Bosch + Keck,
Stuttgart

Bauherr |
builder-owner:
Landwirtschaft-
liche Berufsge-
nossenschaft und
landwirtschaftliche
Krankenkasse
Baden-Württem-
berg, Stuttgart

Bauzeit |
construction time:
2002–2003

Foto | *photo:*
Roland Halbe,
Stuttgart

Das zwölfgeschossige Hochhaus der Landwirtschaft-
lichen Sozialversicherung prägt die südliche Stadtein-
fahrt. Die sich daraus ergebende Bedeutung für den
Ort wurde durch den Neubau der Nesenbachtal-Brücke
noch verstärkt. Durch die notwendige Instandsetzung
von Hochhaus und Flachbau aus den 1960er Jahren
wurde die Chance genutzt, der Umgebung ein charak-
teristisches Zeichen zu geben und eine neue Identität
für die LSV zu schaffen. Ziel war die Schaffung von
optimalen Arbeitsplätzen durch natürliche Belichtung
und Belüftung. ■ Doppelfassaden reduzieren die Schall-
belastung durch den Verkehr, die Treppenerschließ-
ung wurde von innen an die Südseite vor das Gebäude verlegt. Die Nutzung der Flächen des ehemaligen
Treppenhauses schafft dreiseitig natürlich belichtete
Teambereiche mit Gemeinschaftszonen (Teeküchen,
hot desks) und Einzelbüros neben dem Kern. Auf den
obersten Geschossen sind repräsentative Räume für
die Geschäftsleitung und ein Konferenzbereich entstanden.

The building for agricultural welfare insurance, was
erected in the 1960's. Both its high rise and low rise
buildings were in great need of repairs. This work gave
the surroundings a characteristic signal and helped to
form a new identity for the LSV. The objective was to
create optimal work places. ■ Double facades were installed to cut down on the noise from the street. The
staircase was moved to the south side of the building.
The space occupied by the former staircase was converted to naturally illuminated team areas with both
community zones and private offices. The top storeys
contain a conference area and rooms suitable for exec-
utive management.

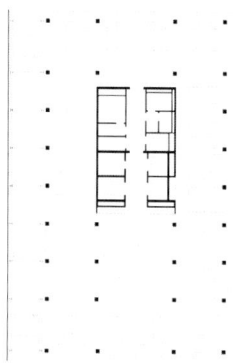

Grundriss | ground plan

Generationenhaus Heslach der Rudolf Schmid und Hermann Schmid Stiftung

Heslach

Gebrüder-Schmid-Weg 13

Architekten |
architects:
Haag • Haffner •
Stroheker,
Stuttgart

Bauherr |
builder-owner:
Landeshauptstadt
Stuttgart

Bauzeit |
construction time:
1999–2001

Foto | *photo*:
Wolf-Dieter
Gericke,
Waiblingen

In beengter Lage, zwischen Steilhang und Hauptverkehrsstraße, entstand unter Einbezug einer denkmalgeschützten ehemaligen Brauerei ein Komplex für 72 Pflegeplätze, begleitet von sozialen und gewerblichen Einrichtungen. Die Stadt stellte ein Grundstück zur Verfügung, der Bau wurde über Stifter finanziert. ■ Der Komplex gliedert sich in zwei Bauteile, die durch einen dreigeschossigen Steg miteinander verbunden sind. In Anlehnung an die vorherrschende Bebauung gliedern sich die beiden Neubauten in eine zweigeschossige, überwiegend verglaste Sockelzone, zwei geschlossenere Vollgeschosse mit Lochfassade und ein zurückgesetztes Dachgeschoss. Hier sind neben den Pflegeplätzen für junge und alte Menschen, Sozialstation, Läden, Praxen, Büros und Wohnungen untergebracht. ■ Der Altbau nimmt ein Stadtteilzentrum, Vereinsräume sowie im ehemaligen Tanzsaal die Cafeteria und das Restaurant auf, die sich über eine Terrasse zum historischen Biergarten hin orientieren. Im Bereich der ehemaligen Brauereigaststätte im Erdgeschoss des Altbaus ist ein multifunktionales Initiativenzentrum mit Arbeits- und Aufenthaltsbereichen eingerichtet.

A complex for 72 nursing home beds arose from including a former brewery in a narrow location. It is divided into two wings connected by a walkway. These two new buildings comprise a glazed foundation zone and closed full storeys with the residents' beds and related rooms. The old building has been equipped as a multi functional initiative centre.

Generationenhaus West der Rudolf Schmid und Hermann Schmid Stiftung

Ludwigstraße 41–43   West

Die orangerote Klinkerfassade mit hoher Loggia öffnet sich zum Straßenraum hin und lädt ein ins multifunktionale Stadtteilhaus. Das öffentliche Forum liegt im Erdgeschoss und dient der Unterhaltung sowie der Begegnung im Quartier für alle Altersgruppen mit den unterschiedlichsten Dienstleistungen, Aktivitäten und Veranstaltungen. Das Café Ludwigslust ist in die Angebote eingebunden. ■ Die ersten beiden Obergeschosse gehören den Kindern: Die neun zweigeschossigen Kinderhäuser mit jeweils eigener Galerie und Treppe belegen die Südseite zum Innenhof. Jedes Kinderhaus hat nicht nur seine eigene Leitfarbe mit bunt lackierten Türen und Fenstern, sondern auch seinen eigenen, unverwechselbar gewachsenen Baum als zentrale tragende Stütze. Ein eigener Zugang führt über Holzterrassen zu den Spielflächen nach draußen. ■ Die Obergeschosse drei bis fünf dienen dem Wohnen: Zwanzig Appartements sind zu kleinen Zwei-Personen-Wohngemeinschaften gepaart. Jedes Appartement verfügt über ein eigenes Bad, zwei große Wohnschlafräume und die mittig liegende Wohnküche mit vorgelagertem Wintergarten. Eine Attraktion des Hauses ist der große Dachgarten im fünften Geschoss mit freiem Blick über die Stadt.

The public forum on the ground floor of the multi-functional house serves people of all ages to meet one another. ■ The first storeys contain the nine two storey children's houses, each with its own gallery and access to the playground. ■ The other storeys house apartments which are shared by two persons, each with its own bathroom, kitchen and winter garden. The large garden on the roof is a special attraction.

Architekten | architects:
Kohlhoff & Kohlhoff, Stuttgart

Bauherr | builder-owner:
Landeshauptstadt Stuttgart

Bauzeit | construction time:
1999–2001

Foto | photo:
Oliver Quirmbach, Stuttgart

Moltke-Areal Bürgerzentrum West

West   Bebelstraße 22, Schwabstraße 91 + 93

Architekten |
architects:
ARP Architekten-
partnerschaft
Stuttgart

Bauherr |
builder-owner:
Ed. Züblin AG,
Niederlassung
Stuttgart /
Komplettbau

Bauzeit |
construction time:
2003–2005

Foto | photo:
Wilhelm
Mierendorf,
Stuttgart

In einem der am dichtesten besiedelten Stadtquartiere Deutschlands ist das neue „zentrale Herzstück" des Stuttgarter Westens entstanden. Auf einem Gebiet von 2,1 ha konnten unterschiedlich genutzte Solitärbauten als straßenbegleitende Bebauung vereint werden: das Bürgerhaus mit Stadtteilbibliothek, Büros, Vereinsräumen und Bürgersaal für 300 Personen, das Wohn- und Geschäftshaus mit Bürgerzentrum, Bank, Arztpraxen und Supermarkt sowie zwei Kindereinrichtungen. ■ Alle Bauten öffnen sich in den Grünraum und bilden rückseitig einen ruhigen öffentlichen Innenbereich mit Spiel- und Freizeitflächen. Die Ecke Schwab-/Bebelstraße bildet einen zentralen Platz mit Zugängen zu Bürgerzentrum und Geschäftshaus und führt in den Grünbereich. Die Gebäude entlang der Bebelstraße erhalten die Offenheit in das Areal und erzeugen spannende Durchblicke. ■ Kindertagesstätte und Abenteuerspielhaus im nordöstlichen Bereich sind so ausgerichtet, dass eine breite Grünfläche zwischen vorhandenem Sportplatz und Spielflächen entsteht. Die Kasernenmauer von 1865 bleibt bestehen und bildet einen Sicht- und Schallschutz zur vielbefahrenen Schwabstraße.

The new heart of Stuttgart West has arisen in one of Germany's most densely populated city districts. There, various isolated buildings which are used differently, such as the Citizens House, a residential and business building and a day care centre have been brought together. ■ All facilities open to the rear and form a quiet, public inner area. This location is centred at the intersection of Schwabstrasse and Bebelstrasse, from which the Citizens Centre, the business house and a landscaped area are accessed.

Silberburg Carré

Silberburgstraße 118–124

West

Auf dem ehemaligen Gelände der Firma Fein-Werkzeuge wurden ein Büro- und Geschäftshaus sowie ein Mehrfamilienhaus erstellt. ■ Die ortstypische Blockrandbebauung implizierte eine schlichte und ruhige baukörperliche Abwicklung entlang der zu bebauenden Straßenkanten. So wurde eine Büroorganisationsform gewählt, die sich im Winkel an die Silberburg- sowie Leuschnerstraße schmiegt und dem heterogenen städtebaulichen Umfeld eine ruhige und ausgewogene Fassadengestaltung gegenüberstellt. Aus dem Winkel entwickelt sich in den Blockinnenraum ein fünfgeschossiger Appendix, der den Innenraum in zwei Höfe unterschiedlicher Qualitäten gliedert. ■ Ein Wohnhaus ergänzt die Neubauten im Blockinnenraum und schafft aufgrund der abgeschirmten, emissionsfreien Lage qualitativ hochwertigen Wohnraum. Großzügige, raumhohe Verglasungen der Bürogeschosse nach Norden stehen im Dialog zu den nach Süden orientierten Fassaden mit eingeschnittenen Fensterbändern und massiven Brüstungen. ■ Die städtebauliche Ecksituation an der Einmündung der Leuschnerstraße wird von einer vollverglasten Rundung akzentuiert, die in eine kleinmaßstäblichere Fassadengliederung entlang der Straße überleitet.

The organisation form of this office building presents the heterogeneous urbanistic surroundings with a quiet and balanced facade design. An appendix which divides the inner space into two yards develops from the angle in it. ■ A residential house supplements the new buildings in the block inner space. Office storeys with room high glazing on the north are in dialogue with the facades with massive balustrades facing south.

Architekten |
architects:
Willwersch
Architekten,
Stuttgart

Bauherr |
builder-owner:
STRABAG
Stuttgart Projektentwicklung
GmbH

Bauzeit |
construction time:
2001–2003

Foto | *photo*:
Willwersch
Architekten,
Stuttgart

Bosch-Areal

West   Breitscheid-, Seiden-, Forststraße

Architekten |
architects:
Arbeitsgemein-
schaft Roland
Ostertag und
Johannes Vornholt,
Stuttgart –
federführend –
und Heinle,
Wischer und
Partner, Stuttgart

Bauherr |
builder-owner:
Investorengruppe
Kapital Consult
Holding GmbH,
vertreten durch:
Dreiländer Beteili-
gung Schweiz-
Deutschland-
USA/Objekt
98/29/
Walter Fink KG

Bauzeit |
construction time:
1999–2001

Foto | *photo*:
Roland Halbe,
Stuttgart

Das aus acht Gebäuden bestehende Bosch-Areal am
Berliner Platz liegt nahe der Innenstadt und bildet die
Schnittstelle zwischen der überwiegenden Wohnbebauung des Stuttgarter Westens und der City. In der
unmittelbaren Nachbarschaft befinden sich das Kultur-
und Kongresszentrum Liederhalle, das Hotel Maritim
mit der „Alten Reithalle", der Campus der Universität
sowie der Hoppenlau-Friedhof. ■ Der ehemalige Fir-
mensitz wurde zu einem neuen Stadtquartier umge-
wandelt. Denkmalgeschützte, außen und innen sanier-
te Alt- und Neubauten drängen sich um einen glasüberdachten Innenhof. Büros, Wohnungen, Restaurants, Cafés, Literaturhaus, Fitnesscenter, Kino, Disco,
Märkte und Läden mit neuen Außenanlagen und einer
Tiefgarage sind mit ihrer zentralen City-Lage ein Ga-
rant für lebendige Nutzung rund um die Uhr. ■ Der
Bereich zwischen den Gebäuden ist teilweise durch
eine 1.500 m² große Stahl-Glas-Konstruktion über-
dacht; ein Dach nach dem so genannten Netzkuppel-
prinzip. Durch diese transparente Überdachung wird
der Innenhofbereich weitgehend witterungsgeschützt
und ermöglicht eine ganzjährige Nutzung der Flächen, z.B. für Veranstaltungen und Gastronomie.

The Bosch Area at Berliner Platz forms the interface
between Stuttgart's western and city areas. ■ The former company headquarters now form a new city section. Protected as monuments, renovated old buildings
and new buildings crowd around a glass covered inner
courtyard. The space between these buildings is partly
covered by a roof of steel and glass. This protects the
courtyard from the elements so that it can be used
throughout the year.

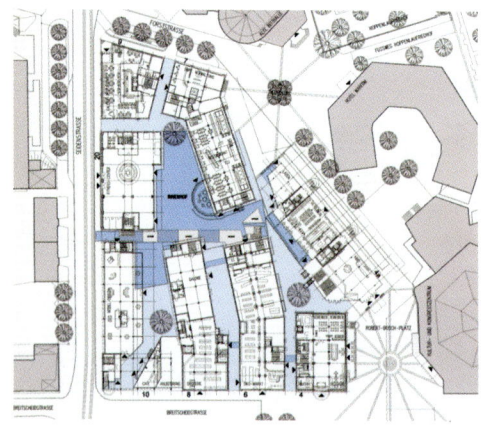

Lageplan | site plan

Diakonie-Klinikum Stuttgart

West   Rosenbergstraße 38

Architekten |
architects:
Arcass Freie
Architekten BDA,
Stuttgart

Bauherr |
builder-owner:
Diakonie-Klinikum
Stuttgart gGmbH

Bauzeit |
construction time:
2001–2007

Foto | *photo*:
S.J. Gragnato,
Stuttgart

Das Diakonissenkrankenhaus Stuttgart und die Ortho-pädische Klinik Paulinenhilfe waren bisher eigenständi-ge Kliniken an getrennten Standorten. Für ein zukunfts-fähiges Vorhaben haben sie sich zu einer neuen Klinik unter einem gemeinsamen Dach zusammengeschlos-sen. ■ Ein begrünter, ruhiger Innenhof wird von Ge-bäuden mit transparenten Bauelementen umsäumt, die helle Räume und eine Stimmung der Geborgenheit für Genesende schaffen. Die meisten Patientenzimmer ori-entieren sich zum Garten im Innenhof. Der Hauptein-gang verbleibt am bisherigen Standort. Eine Verbindung vom historischen Gebäude des Wilhelmhospitals zum Neubau schafft die Patientenstraße. Von dieser Magis-trale sind alle Bereiche im Alt- und Neubau erreichbar. ■ OP-Abteilung und Zentralsterilisation befinden sich im ersten Obergeschoss des Flügels an der Rosenberg-straße, direkt darüber liegt das zugehörige Technik-geschoss. Die Pflegebereiche auf den Obergeschossen bestehen aus je einer Doppelstation mit zweimal 30 Betten. Die Zimmer sowie das gesamte Gebäude ver-mitteln eine hotelähnliche Atmosphäre mit herrlichem Blick über Stuttgart. Die Intensivstationen sind im obers-ten Geschoss untergebracht.

The hospital and orthopaedic clinic used to be inde-pendent facilities at separate locations. They were merged to be better equipped for a future project. The buildings with their transparent elements convey a feel-ing of security. Most of the patients' rooms are situated along the garden. A passageway for patients connects all the areas in the old and new buildings. Operating rooms, intensive care, treatment area and technology are located in the upper storeys.

Steuerberaterhaus

Hegelstraße 33

West

Das Gebäude liegt städtebaulich an prägnanter Ecke, an einer der westlichen Zu- und Ausfahrtsstraßen und von allen Seiten frei einsehbar. Um sich von dem lauten und umtriebigen Außenbetrieb abzuschirmen, ist das Haus schalenartig nach dem Prinzip Haus im Haus funktionell, räumlich und materiell organisiert und zeichnet die Form eines Bumerangs. Es ist Schicht um Schicht von außen nach innen aufgebaut; von einer fast immateriellen Außenschale bis zu den massiven Wänden um die intimen Lehr- und Lernräume. Die Fassade ist nicht das Gesicht nach außen, sie ist Zwischen- und Grenzzone zwischen Außen und Innen. Um Außeneinflüsse wie Lärm und Schmutz abzufangen, die Wärmebelastung zu mildern und ohne mechanische Be- und Entlüftung auszukommen, wurde eine belüftete doppelschalige Fassade ausgebildet. ■ Das Raumprogramm besteht aus kleineren Büro- und größeren Schulungsräumen für Fort- und Weiterbildungen der Mitglieder der Kammer.

Architekten | architects:
Roland Ostertag und Johannes Vornholt, Stuttgart

Bauherr | builder-owner:
Steuerberater-kammer Stuttgart

Bauzeit | construction time:
1997–1999

Foto | photo:
Roland Halbe, Stuttgart

The building, which is shaped like a boomerang, lies in an access street and can be seen into freely from all sides. So that it is shielded from outdoor activity, it is built up like a shell, layer by layer, from its interior to the outside, from an almost immaterial outer shell to the massive walls around the intimate rooms for teaching and learning. The facade is the intermediate and boundary zone between outdoors and indoors and was ventilated and built up as a double shell so that exterior influences such as noise and dirt are intercepted, so that heat stress is alleviated, and so that one can get by without mechanical ventilation.

Stadtvillen MiKi 1A + B

Botnang

Mittlerer Kirchhaldenweg 1

Architekt |
architect:
Alexander
Brenner, Stuttgart

Bauherr |
builder-owner:
privat

Bauzeit |
construction time:
2001–2002

Foto | *photo*:
Brigida Gonzales,
Stuttgart

Aus dem Wunsch zweier Paare nach einem frei stehenden Einfamilienhaus entstand der Gedanke, ein Doppelhaus zu bauen, das zur Straßenseite wie eine einzelne Stadtvilla erscheint und nur vom Garten aus als Doppelhaus erkennbar ist. Die Doppelhaus-Villa steht am Südhang eines Höhenrückens mit Blick über Stuttgart und bildet zusammmen mit zwei bereits existierenden Villen dieser Art eine Hausgruppe. ■ Nachdem das Gebäude auf der Nordseite durch geschichtete Quader und Wandscheiben sehr geschlossen bleibt, öffnet sich die Gartenseite mit einer haushohen, asymmetrisch aufgebauten Glasfassade zur Aussicht. Hier zeichnen sich an den Fassaden auch die völlig unterschiedlichen Raumdispositionen ab, die entsprechend den individuellen Wohnbedürfnissen der beiden Familien den Grund- und Aufriss des Hauses bestimmen: Während das Mehrraumkonzept wegen der vielen separaten Zimmer verschiedene Nutzungen erlaubt, ermöglicht das Konzept des offenen Grundrisses großzügigere Räume.

The wish of two couples for a one-family house led to the idea of building a double house which appears to be a single town house when viewed from the street and can only be recognised as a double house when it is seen from the garden. The building remains much closed on the north side but opens up with a glass facade which faces toward the garden. ■ Here one sees the various divisions into rooms which determine the floor plan of the house in accordance with the individual requirements of the families. Whereas the multi-room concept allows a variety of usages, the concept of the open floor plan permits quite ample rooms.

Wohnhaus

Eltinger Steige 12

Botnang

Das Grundstück galt wegen seiner steilen Lage als unbebaubar. Die einzige Erschließung des fast 30 Grad steilen Hangs war eine gerade Staffel. Einige Trockenmauern zeugen von der früheren Nutzung als Weinberg. ■ Vorbild für das Haus selbst war eine früher vorhandene hölzerne Gartenlaube, welche die wichtigsten Prinzipien vorgab: den Ort, Holz als Fassadenmaterial, die Geschlossenheit nach Ost, West und Nord sowie die Öffnung nach Süden zum Tal mit einer vorgesetzten, über die gesamte Breite vorhandenen überdachten Veranda. Die ehemalige Staffel wurde durch eine Treppe aus Betonfertigteilen an derselben Stelle ersetzt sowie die Struktur der Trockenmauern und der vorhandenen serpentinenartigen Wege im Grundstück erhalten. ■ Im unteren der drei Geschosse ist der Bürobereich untergebracht. Die Wohnbereiche befinden sich im Erd- und Obergeschoss.

This property was once regarded as one on which it was impossible to build anything. The only access to this slope with inclination of almost 30 degrees was a path straight up. An arbour with Trollinger growing in it and some dry walls bore witness to its former use as a vineyard. ■ Inspiration for the house itself came from the existent arbour, which embodied the most important principles: the location, the facade material, closure to the east, west and north and openness to the south into the valley with a roofed veranda. ■ The straight path was replaced by a staircase of prefabricated concrete parts but the structure of the property's dry walls and its serpentine paths were retained.

Architekt | *architect*:
Steffen Keck, Stuttgart

Bauherr | *builder-owner*:
Steffen Keck, Stuttgart

Bauzeit | *construction time*:
2003

Foto | *photo*:
Andreas Götz, München

Ost
Untertürkheim
Bad Cannstatt

Bosch Haus Heidehof

Heidehofstraße 31b   Ost

Das Entwurfsthema ist der Dialog von klassischer und moderner Villa auf einem gemeinsamen Plateau. Oberhalb der Stadt, gegenüber der alten Bosch Villa, entwickeln sich aus der Topographie drei Ebenen, denen jeweils eine Hauptfunktion zugewiesen ist. Die transparente Eingangsebene thematisiert Ausblicke in die Landschaft, zum Park und zur Villa. Sie ist Haupterschließung und zwangloser Treffpunkt. Die Stiftung als „Träger" bildet die Sockelebene, die sich um den zentralen Innenhof und zum Garten orientiert. Die Kopfebene beinhaltet das Weiterbildungszentrum, das über der Landschaft zu schweben scheint. ■ Der vertikalen Gliederung der Funktionen folgt die gestalterische Gliederung des Baukörpers. Unterstützt wird die Schichtung des Baus durch das konstruktive Gefüge und die äußere Hülle. Raumhohe Schiebefenster zwischen den auskragenden Tragekonstruktionen des Obergeschosses lassen dieses wie ein „Sandwich" erscheinen. Die geschlossenen Teile sind mit dunkelgrauen Blechen verkleidet. ■ Der Landschaft, dem englischem Garten und dem Obstgarten wird als viertes Element das gestaffelte Plateau hinzugefügt. Verbunden werden die unterschiedlichen Ebenen durch großzügige Freitreppen.

Here is where classical and modern villa enter into dialogue with one another. Three levels develop from the topography. Each of these is assigned a main function. The transparent entry level has views of the landscape, the park and the villa as its theme. It is the main access and informal meeting point. The trust, as "supporter", takes up the basement level whereas the top level houses the advanced training centre.

Architekt |
architect:
Peter Kulka, Köln

Bauherr |
builder-owner:
Anlagen und Bauten Robert Bosch GmbH, Stuttgart

Bauzeit |
construction time:
2002–2004

Foto | *photo*:
Lukas Roth, Köln

97

Johann-Friedrich von Cotta-Schule Erweiterung

Ost

Sickstraße 165

Architekt |
architect:
Hannes Schreiner,
Stuttgart

Bauherr |
builder-owner:
Landeshauptstadt
Stuttgart

Bauzeit |
construction time:
2002–2003

Foto | *photo*:
Brigida Gonzales,
Stuttgart

Die Schule wurde in den späten 1950er Jahren im Park der Villa Berg errichtet. Die verschiedenen Funktionsbereiche Klassengebäude, Fachklassen, Turnhalle und Verwaltung sind als Einzelgebäude ausgebildet. Sie wurden durch gläserne Gänge verbunden. Die pavillionartige Einstreuung in den denkmalgeschützten Park wird fortgesetzt. ■ Aufgrund der örtlichen Situation und des Anliegens, erhaltenswerten Baumbestand nicht zu gefährden und den Schulhof im kleinen städtebaulichen Maßstab besser zu definieren, wurde ein langgestreckter, schmaler Baukörper als Solitär entwickelt, der über die Hangkante auskragt und eine weitere Platzwand bildet. Er gliedert sich in einen Bügel, der in den Hof hineinragt und in dem der Klassentrakt als rote Holzbox markiert ist. Das aus der Erde herauswachsende Hofgeschoss ist in Sichtbeton gebaut. Dessen Decke wird im hinteren, nicht unterkellerten Bereich zur Bodenplatte des Erdgeschosses. ■ Sämtliche Innen- und die Außenwände der Klassen sind in Holzständerkonstruktion mit Mehrschichtplattenbeplankung ausgeführt. Die Fenster des Klassentraktes als auch die flurseitigen und geschosshohen Fassadenelemente sind ebenfalls in Holz gefertigt.

The school's functional areas were connected by glazed passageways and a long narrow building construct was developed as a solitary item which protrudes over the edge of the slope. It is composed of a bow which extends into the courtyard and in which the classroom wing is marked as a red wooden box. The courtyard storey emerging from the ground is built in ferroconcrete. In the rear area the ceiling serves as floor plate for the ground storey.

Feierhalle Gaisburg

Pflasteräckerstraße 91

Gaisburg

Die Feierhalle liegt am höchsten Punkt des Gaisburger Friedhofs. Dieser Standort hat unmittelbaren Einfluss auf die Gebäudekonzeption: Geschlossene Wandscheiben mit gezielt plazierten Fensteröffnungen schirmen die Räume gegen die beiden umliegenden Straßen ab. Mit raumhohen Verglasungen öffnet sich der Feierraum zum Friedhof. Der fließende Übergang zwischen Innen- und Außenraum wird mittels Wandscheiben, die durch die Verglasungen hindurchlaufen, sowie das große, teilweise perforierte Vordach verstärkt. ■ Im Bedarfsfall lässt sich die Eingangsseite über die gesamte Breite zum Vorplatz hin öffnen, der dann für eine größere Trauergemeinde mit einbezogen werden kann. Das große Vordach bietet Schutz vor Sonne und Regen. Die erforderlichen Aufbahrungs-, Aufenthalts- und Nebenräume sind zweigeschossig seitlich angelagert.

The Gaisburg Memorial Hall is situated at the highest point of Gaisburg Cemetery. This location exerts influence on the building conception. Closed shear walls with appropriately placed window openings shield the rooms from the surrounding streets. The memorial room with its full storey glazing opens up to the cemetery. The flowing transition between the inner and outer room is reinforced by the wall slabs which run through the glazing as well as by the large, partially perforated canopy. ■ As necessary, the side by the entrance can be opened to the forecourt to make room for a larger group of mourners. The broad canopy offers protection from sun and rain.

Architekten | architects:
Dasch Zürn von Scholley, Stuttgart

Bauherr | builder-owner:
Landeshauptstadt Stuttgart

Bauzeit | construction time:
2000–2001

Foto | photo:
Dasch Zürn von Scholley, Stuttgart

Sozialmietwohnungen ehemaliges US-Hospital

Bad Cannstatt   In den Wannenäckern 14 + 16

Architekten |
architects:
Kaag + Schwarz,
Stuttgart

Bauherr |
builder-owner:
SWSG Stuttgarter
Wohnungs- und
Städtebaugesell-
schaft mbH

Bauzeit |
construction time:
1997–1998

Foto | *photo*:
Oliver Schuster,
Stuttgart

An dieser Stelle wurden von unterschiedlichen Architekten vier Gebäude auf einer gemeinsamen städtebaulichen Grundlage errichtet. Das Mehrfamilienhaus mit 16 Wohnungen gehört dazu. Ziel war es, das neue Baugebiet mit ruhigen, klar geschnittenen Baukörpern zu begrenzen und mit dem Umfeld zu verzahnen. Die Erschließung berücksichtigt die topographischen Gegebenheiten des Grundstücks: Der Höhenunterschied zur Straße wird durch die Tiefgaragen vermittelt, so dass ein gegliederter Außenbereich entsteht. Die Gärten der Wohnungen werden von den Hauszugängen der Nachbarn abgeschirmt. Eine wirksame Begrünung der Hauszwischenräume wird durch die geringe Flächenversiegelung und Unterbauung begünstigt. ■
Die Grundrisse der Wohnungen sind auf der Basis einer zweispännigen Vertikalerschließung mit je einer Drei- und Vier-Zimmer-Wohnung entwickelt. Alle Wohnfunktionen sind nach Westen zur durchgehenden Balkonzone ausgerichtet. Kleinere Zwei- und Drei-Zimmer-Wohnungen mit attraktiven Dachterrassen ergänzen das Wohnungsgemenge.

The floor plans of the flats are developed on the basis of two living units per floor, each with a three and a four room flat. All functions for living are taken care of on the west side. Smaller two and three room flats with terrace on the roof supplement the mixture of flats. ■
Even with the limited budgets for construction of social housing it was possible to produce flats with certified low energy standard and high quality of living.

MKM Film- und Medienzentrum Römerkastell

Rommelstraße/Naststraße

Bad Cannstatt

Die auf den Resten eines Römerkastells erbaute Kaserne stand nach der Nutzung durch US-Streitkräfte leer. Stadt und Investor entschieden, das 6,4 ha große Areal als Film- und Medienzentrum umzugestalten; die 100 Jahre alte Reiterkaserne konnte so revitalisiert werden. Zwei Drittel der Flächen werden gewerblich genutzt, den Rest nehmen Mischnutzungen ein mit Wohnungen, Ateliers, Studios und Werkstätten. Insgesamt werden 38 Einheiten mit 50 bis 260 m² Wohnfläche angeboten. ■ Die ehemalige Reithalle wurde zur Veranstaltungshalle mit einer Kapazität für ca. 1.000 Personen umgebaut. Das Forum Neues Musiktheater des Württembergischen Staatstheaters fand auf dem Areal Platz. Neben gastronomischen Einrichtungen ergänzen TV-Studios, Unternehmen der Musikbranche, eine Videothek, ein Fitnesscenter, Einzelhandelsgeschäfte und eine Kita die eher schwache Infrastruktur des Stadtteils Hallschlag und wirken somit sozial stabilisierend. ■ Der alte Quartiersplatz, jetzt eine vorwiegend zum Parken genutzte Fläche, ist mit übergroßen Lampen strukturiert. In den Sommermonaten wird die Fläche für Märkte, Sportveranstaltungen und als Open-Air-Konzertbühne bespielt.

This area on the remains of a Roman fort is being converted into a film and media centre. Two thirds of the area is used commercially, the rest is occupied by mixed usages such as homes and ateliers; the former riding hall was been converted to an events hall. ■ The weak infrastructure is supplemented by gastronomic facilities, TV studios, and companies in the music sector, a videotheque, a fitness centre, retail shops and a day care centre.

Architekten | architects:
Bulling Architekten, Korntal

Bauherr | builder-owner:
MKM Römerkastell GmbH & Co. KG
Wolfgang Kreis, Stuttgart

Bauzeit | construction time:
2001–2006

Foto | photo:
Bulling Architekten, Korntal

101

SV Versicherungen Stuttgart

Bad Cannstatt   Löwentorstraße 65

Architekten |
architects:
KBK Architekten.
Belz Kucher Lutz,
Stuttgart

Bauherr |
builder-owner:
SV
Versicherungen,
Stuttgart

Künstler | artist:
Thomas Locher,
Köln

Bauzeit |
construction time:
2001–2006

Foto | photo:
Roland Halbe,
Stuttgart

Die Hauptverwaltung, 1974 von Rolf Gutbrod realisiert und 1991 durch Wolfgang Henning erweitert, schuf großflächige, fließende Innenräume, die sich U-förmig um einen Innenhof, zur umgebenden Weinberglandschaft und zum Talkessel der Stadt orientieren. Aufgrund mehrerer Fusionen mit anderen Versicherungsunternehmen war eine Erweiterung und Modernisierung nötig. Die im burgartig anmutenden Komplex in Großraumbüros untergebrachten ca. 800 Arbeitsplätze wurden um 500 weitere ergänzt. ■ Die Erweiterung greift die prägnante Gebäudegeometrie auf und führt sie nahtlos in ausgreifenden Gebäudeflügeln zu Ende. Durch diese einladende Geste öffnet sich die Hauptverwaltung mit neuem Eingangsbereich zur Straße. Eine zentrale, über alle Geschosse reichende Halle ist nun kommunikative Mitte. Im Anschluss ist der Gebäudebestand bei Erhalt der Hülle tiefgreifend modernisiert, die vormaligen Großräume wurden in Gruppenarbeitsplätze umstrukturiert. ■ Neue Casino-, Sitzungs- und Besprechungsräume profitieren im obersten Geschoss von der großzügigen Raumgeometrie. Ein Komplex entstand, der unterschiedliche Typologien von Arbeitsplätzen aus mehreren Bauphasen unter einem Dach vereint.

Because of several mergers the company's headquarters had to be extended and modernised. New wings on the building avail themselves of the existent pregnant geometry and open the construction to the street, turning a hall near the middle into a communicative centre. With modernisation the old large rooms were restructured into group work places. The new complex brings together several types of work place and building phases under a single roof.

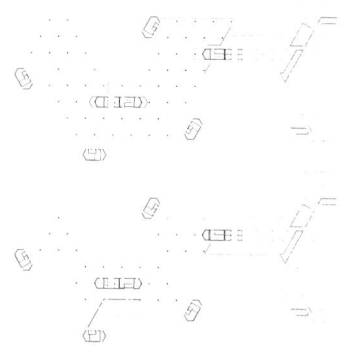

Grundrisse | ground plans

Personalwohnungen für das Robert-Bosch-Krankenhaus

Burgholzhof | Auerbachstraße / Roter Stich

Architekten |
architects:
Joachim und
Margot Schürmann
& Partner, Köln
und Jutta und
Peter Schürmann,
Stuttgart

Bauherr |
builder-owner:
Robert-Bosch-
Krankenhaus
GmbH Stuttgart

Bauzeit |
construction time:
1997–1998

Foto | *photo*:
Oliver Schuster,
Köln

Auf dem Gelände der ehemaligen Robinson Barracks waren 100 Wohnungen für das nahe gelegene Krankenhaus zu bauen. Terrassen der umgebenden Weinberge klingen in den umfriedeten Haushöfen aus, flach geneigte Dächer unterstreichen die topographische Situation, die plastische Gliederung durch Loggien, Laubengänge, geschützte Gärten und Freitreppen erzeugt ein vielfältiges Spiel von Licht und Schatten. ■ Weinbergtreppen und Rampen, innere Wegeverbindungen, Hof und Allee verweben Stadt und Landschaft, ermöglichen ständig wechselnde Ein- und Ausblicke und bieten ein reiches Angebot an Außenräumen. ■ Die Erschließung der Wohnungen und die Wohnungen selber werden in dieses Gewebe einbezogen. Jede Wohnung liegt – wie die Häuser einer Stadt – an einem Platz, einer Allee, einem Weg oder einer Treppengasse. Alle Wohnungseingänge sind direkt vom Außenraum her erschlossen, die Erdgeschosswohnungen verfügen über eingefriedete Gärten. In den Hausgiebeln führen einläufige Treppen und eine Rampe auf das erste Obergeschoss und binden den Laubengang an. Von diesem Weg werden die anderen Wohnungen erschlossen. Brücken verbinden die Häuser zusätzlich.

Like the houses in the city, each apartment is located on a square, an avenue, a street or an alley. All entrances can be accessed directly from the outdoors. The apartments on the ground floor have enclosed gardens. In the gables, a set of one way stairs and a ramp lead up to the first storey and the arcade. The other apartments are accessed by this path. The houses are also connected by bridges.

Wohnanlage

Auerbachstraße 37–41

Burgholzhof

In besonderer Aussichtslage entstand auf dem ehemaligen Kasernengelände auf Grundlage eines neuen Be-
bauungsplanes für ein allgemeines Wohngebiet samt
Infrastruktureinrichtungen die Wohnanlage Burgholzhof. Der Block mit insgesamt 113 Wohnungen umfasst
drei Punkthäuser an der Südostseite, ein Langhaus auf
der Nordwestseite und zwei Querriegel dazwischen. ■
Im Blockinneren fügt ein großzügig begrünter Innenhof
mit Kinderspielplatz die Bebauung über der Tiefgarage
zusammen. Alle Wohnungen wurden in Niedrigenergie-
bauweise mit transparenter Wärmedämmung ausgeführt. Zusätzlich besitzt ein Gebäude eine Kollektor-
anlage, deren Energieertrag dem Nahwärmenetz zu-
fließt. Die Wohngrundrisse sind flexibel gestaltbar: Jede
Wohneinheit besitzt Balkon, Terrasse oder Garten und
ist durch Aufzugsanlagen erschlossen.

Housing Estate Burgholzhof, which is the location of a
special view, arose on the basis of a new development
plan for the premises of former military barracks. This
plan provided for a general residential area including infrastructure facilities. The block with 133 flats comprises three point houses on the southeast side, a long
building on the northwest side and two perpendicular
rows between. ■ The block encloses a landscaped inner courtyard with a children's playground, all lying over
the underground garage. All the flats are designed for
low energy consumption including transparent heat insulation. In addition, one of the buildings has a collector
system from which extracted energy is fed into the local heating network. The floor plans are flexible. Each
unit has a balcony, terrace or garden and can be accessed by lifts.

**Architekten |
architects:**
Kilian + Hagmann,
Stuttgart

**Bauherr |
builder-owner:**
Bau Boden
Treuhand GmbH
& Co., Stuttgart

**Bauzeit |
construction time:**
1997–1999

Foto | photo:
Hans-Ulrich Kilian,
Stuttgart

Amazonienhaus der Wilhelma

Bad Cannstatt   Neckartalstraße

Architekten |
architects:
Auer + Weber +
Partner, Stuttgart

Bauherr |
builder-owner:
Land Baden-
Württemberg

Bauzeit |
construction time:
1998–1999

Foto | *photo*:
Roland Halbe,
Stuttgart

Zusammen mit dem Insektarium und der Schmetterlingshalle bildet das Amazonienhaus mit einer Länge von 66 Metern den baulichen Rücken des zoologisch-botanischen Gartens Wilhelma gegen die stark befahrene Pragstraße. Die ziegelverkleidete Mauer ist als Referenz an die historische Einfriedung mit Terracotta-Mauern entlang der Neckarseite zu verstehen. ■ Innerhalb der hochtransparenten Hülle aus Stahl und Glas werden Flora und Fauna des Amazoniengebietes naturnah in dem überdimensionalen Gewächshaus zur Schau gestellt. Auf einem Erlebnisweg wird der Besucher an Wasserfällen, Teichen, Tiergehegen und einem Aquarium entlang geführt und auf diese Weise in den tropischen Urwald versetzt. ■ Das exotische Innere des Glashauses „fließt" über die gebogene Hülle in den Park hinein, so dass sich überraschende Wechselbeziehungen zwischen einheimischer und fremder Pflanzenwelt ergeben.

Together with the Insectarium and the Butterfly Hall, the Amazon House forms a solid rear which shields the zoological botanical garden of the Wilhelma against Pragstrasse with all its heavy traffic. The transparent hull of steel and glass puts flora and fauna of the Amazon area on display close to nature in a colossal greenhouse. The visitors are led along an "experience path", as if through a tropical jungle, past water falls, ponds, vivariums and an aquarium. ■ The exotic interior of the glass house "flows" over the curved hull back out into the park, inducing interactions between the worlds of domestic and foreign plants.

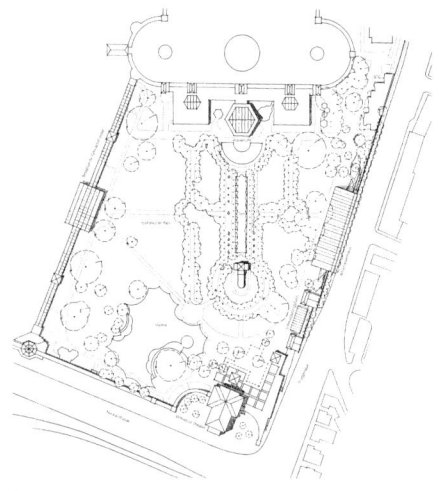

Lageplan | site plan

Gottlieb-Daimler-Stadion

Bad Cannstatt   Mercedesstraße 87

Architekten |
architects:
asp Architekten
Arat – Siegel &
Partner, Stuttgart

Bauherr |
builder-owner:
Landeshauptstadt
Stuttgart

Bauzeit |
construction time:
2004–2006

Visualisierung |
rendering:
asp Architekten
Arat – Siegel &
Partner, Stuttgart

Immer wieder wurde das Stadion umfangreichen Modernisierungsmaßnahmen unterzogen. Anlässlich der Leichtathletikweltmeisterschaft 1993 überspannte man alle Zuschauerplätze mit einem Membrandach. Es folgte bis 2001 der Einbau eines zweiten Ranges über der Haupttribüne. Zudem wurden auf mehreren Ebenen Logen, Lounge- und Gastronomiebereiche eingerichtet. Ein in der Mittelachse vorgelagertes und angebundenes Eingangsgebäude umfasst neben der Stadionverwaltung umfangreiche VIP-Räume und Säle sowie ein ebenerdiges Bistro mit Terrasse. Es ist über einen verglasten Steg direkt an ein Parkhaus angebunden. ■ Die jüngste Modernisierungsmaßnahme in Vorbereitung zur FIFA WM 2006 beinhaltet die vollständige Erneuerung der Gegentribüne. Die Platzkapazität wird auf 57.000 erhöht. Vorgesehen ist eine neue Erschließungsebene auf Höhe der Mundlöcher mit umfangreichem gastronomischen Angebot. Auf Ebene 3 entsteht außerdem ein attraktiver Veranstaltungs- und Gastronomiebereich -- der Food Court -- mit Einblick in das Stadion. Neue infrastrukturelle Einrichtungen um das Stadion ergänzen die Stadion-Modernisierung.

The stadium has been the subject of several modernisations. It has been spanned with a membrane roof, a second range has been installed, boxes and lounge areas have been added, and now the visitors' podium is being renovated for the 2006 FIFA World Cup. The new construction includes, among other things, an event and gastronomic area with a view into the stadium. This modernisation also encompasses new infrastructural facilities around the stadium.

Kunst Turn Forum
Leistungszentrum Kunstturnen

Fritz-Walter-Weg 15

Bad Cannstatt

Das Forum soll über seine Funktion als Landesleistungszentrum für Kunstturnen hinaus multifunktionale Nutzungen ermöglichen. Es ist nicht nur Trainingsstätte für den Spitzensport, sondern auch ein offenes Haus für Veranstaltungen, für Aus- und Weiterbildung sowie eine Begegnungsstätte mit der Kunst. ■ Die Eleganz und Leichtigkeit des Kunstturnens sollte in Architektur umgesetzt werden. Hierzu wurden eine leichte, frei überspannte Stahlfachwerkkonstruktion, verglaste Flächen, farbig behandelter Sichtbeton sowie großflächige Holzverkleidungen gewählt. Die helle und heitere Atmosphäre trägt zu einem freundlichen Trainingsalltag der Sportler bei. ■ Das Raumprogramm umfasst eine Kunstturnhalle von etwa 1.400 m², zwei Bodenturnhallen, einen Ballettsaal im Verbindungsbau zur bestehenden Sporthalle, Besprechungs- und Seminarräume sowie die erforderlichen Fitness-, Umkleide- und Sanitärbereiche.

Architekten |
architects:
Herrmann +
Bosch, Stuttgart

Bauherr |
builder-owner:
Schwäbischer
Turnerbund e.V.

Bauzeit |
construction time:
1998–1999

Foto | photo:
Christian Kandzia,
Esslingen

The state performance centre for gymnastics allows multi-functional uses. It serves both as a training centre for top athletes and as an open house for events, adult education and encounters with art. ■ A light steel skeleton framing construct, glazed surfaces, coloured ferroconcrete and wood panelling were selected so that the architecture would reflect the elegance and ease of gymnastics. The clear, buoyant atmosphere contributes to a friendly working day for the athletes. ■ The centre has a gymnastics hall, two halls for floor exercises, a ballet room, conference and seminar rooms as well as fitness areas, lockers and sanitary facilities.

SpOrt Haus des Sports

Bad Cannstatt   Fritz-Walter-Weg 19

Architekten |
architects:
Herrmann +
Bosch, Stuttgart

Bauherr |
builder-owner:
Bauherrengemein-
schaft: Haus des
Sports GbR,
Sport-, Bildungs-
und Dienstleis-
tungs-GbR,
Stuttgart

Bauzeit |
construction time:
2003–2004

Foto | *photo*:
Roland Halbe,
Stuttgart

In räumlicher Nähe zum Stadion, zum Kunstturnforum, Olympia-Stützpunkt, VfB, zur Hanns-Martin-Schleyerhalle, zur Bosch-Halle und zum Mercedes-Benz-Museum steht SpOrt, das Haus des Sports – ein gemeinsames Haus für den Sitz von fünfzehn Landessportverbänden in Kombination mit Sportstätten und Dienstleistungseinrichtungen. ■ Die Konzeption des Gebäudes als „Atrium" schafft eine räumliche Einheit zwischen Sport und Verbänden. Durch die Stapelung und Verzahnung von Büroeinheiten mit Sporthalle, Fitnessstudio, Gymnastik- und Lehrgangsräumen entstehen vielfältige Beziehungen für Mitarbeiter, Besucher und Sportler, die synergetisch wirken. Das großflächig verglaste Atrium mit einer Höhe von 22 Metern und einer Fläche von 1.000 m² bildet das Herzstück: Es ist sowohl Kommunikationszentrum als auch Veranstaltungsbereich. Sichtbeziehungen zwischen den Bürogeschossen und den Sportbereichen sind selbstverständlich und gewünscht. ■ Das Gestaltungskonzept orientiert sich an den Primärfarben, analog den Olympischen Ringen. Die Besonderheit der Aufgabe und die des Sport-Ortes wird dadurch unterstrichen.

The SpOrt is shared by 15 state sports associations, sports clubs and service facilities. ■ Its conception as an atrium creates a spatial unity between sport and associations. Office and sport areas are intertwined, giving rise to many kinds of relationships for employees, visitors and athletes. At the heart is the glazed atrium as communications centre and area for events. ■ The design is oriented to the primary colours of the Olympic rings.

Grundriss | ground plan

Van Technology Center

Untertürkheim   Benzstraße, Gebäude 129/10

Architekten |
architects:
Stölzle Sahihi
Architekten,
Stuttgart
(Entwurf)
Kohlbecker
Architekten &
Ingenieure,
Gaggenau

Bauherr |
builder-owner:
DaimlerChrysler
AG, Stuttgart

Bauzeit |
construction time:
2003–2005

Foto | *photo*:
Arnim Kilgus,
Leinfelden-
Echterdingen

Bisher war der Geschäftsbereich Mercedes-Benz-Transporter auf 16 verschiedene Standorte im Großraum Stuttgart verteilt. Um für die zukünftigen Herausforderungen in einem dynamischen Umfeld bestens eingestellt zu sein, werden die Entwicklungs-, Vertriebs-, Controlling-, sowie Leitungsfunktionen jetzt an einem Ort gebündelt. Material- und Kommunikationswege verkürzen sich, die Arbeitsprozesse werden effizienter. ■ Im Norden des Werksgeländes stand nur wenig Fläche zur Verfügung, so sind die Funktionen nun gestapelt, um Raum für 1.000 Arbeitsplätze zu schaffen. ■ Entstanden ist ein Bauwerk, das einer durchschnittenen Ellipse aus zwei leicht gegeneinander versetzten Teilen gleicht. Über der zweigeschossigen Versuchs- und Prototypenwerkstatt befindet sich die Clusterebene mit dem Zentrum für digitale Planung und Sonderfunktionen. Darüber folgen sechs Bürogeschosse, die spektakulär auf zwölf Betonstützen und vier Treppenhauskernen ruhen. Aus der Ellipsenform ergeben sich Vorteile: So sind die Wege im Gegensatz zu einem orthogonalen Gebäude kürzer.

The structure has the form of an ellipse which has been sliced by a straight line into two sections which are then slightly offset from each other. The cluster level with the centre for digital planning and special functions is located over the test and prototype shop. These levels are followed by six office storeys. ■ The elliptical form has advantages: in comparison to a rectangular building, the distances to be traversed within the complex are shorter and the shortest route passes through the inner courtyards, which are creative communication space.

Mercedes-Benz Center

Mercedes-Jellinek Straße   Bad Cannstatt

In einem Landschaftspark sind das neue Mercedes-Benz Museum von UN Studio und das Mercedes Center von Kohlbecker städtebaulich und thematisch zusammengeschlossen. Eine in den Park eingelassene Arena verfügt über 500 Sitzplätze. Die Niederlassung mit Verkaufs- und Ausstellungsflächen, Werkstatt und Service-Stützpunkt steht am Ende der um sieben Meter ansteigenden Landschaftsebene. Beide Gebäude sind zudem über eine 80 Meter lange unterirdische, lichtdurchflutete Passage miteinander verbunden. Gastronomie, Shops und ein Kinderbereich stehen zur Verfügung. ■ Das Center überlagert die Landschaftskante, so dass sich Service- und Werkstatteinrichtungen unter die Landschaftsebene schieben. Der Kegelstumpf ist der Markenkern, das Corporate-Identity-Element für alle Mercedes-Benz Center. Markant ist er vor dem gläsernen Baukörper platziert. Von hier entwickelt sich die Verkaufslandschaft fächerförmig über drei Ebenen. Als zusammenfassendes Element fungiert das quadratische Dach, es trägt die Dachzentrale und lässt über runde Öffnungen Licht in die Ausstellung fallen. ■ Ein Drittel der Fläche wird zur Präsentation der PKW-Modellpalette zur Verfügung stehen, darüber hinaus wird die Halle auch für Veranstaltungen genutzt.

Architekten | *architects:*
Kohlbecker Architekten, Gaggenau

Bauherr | *builder-owner:*
DaimlerChrysler Immobilien GmbH, Berlin

Bauzeit | *construction time:*
2004–2006

Visualisierung | *rendering:*
Archimation, Berlin

The Center lies directly over the landscape's edge, under which service and garage facilities are pushed in. The truncated cone is the corporate identity element of all Mercedes-Benz centres and has a prominent place in front of the glass construction. The sales landscape develops from here like a fan over three levels. The unifying element is the square roof. Light passes over its round openings to fall on the exhibition.

Mercedes-Benz Museum

Bad Cannstatt   Mercedes-Jellinek-Straße

Architekten |
architects:
UN Studio van
Berkel & Bos,
Amsterdan/NL

Bauherr |
builder-owner:
Daimler Chrysler
AG, Stuttgart

Bauzeit |
construction time:
2003–2006

Visualisierung |
rendering:
UN Studio van
Berkel & Bos,
Amsterdam/NL

Mit seiner Sichtbarkeit von den Hügeln und den Schnellstraßen wird das 47 Meter hohe Gebäude zum einen die architektonische Bestätigung der Marke Mercedes Benz und zum anderen ein neues Wahrzeichen der Stadt. ■ Das Programm für das Museum wird in einem ausgetüftelten Paket untergebracht, in dem die Ausstellungen, die öffentlichen Programmteile sowie Service- und Nebenbereiche miteinander verwoben sind. Verschiebungen in der Anordnung der Ebenen fordern die Symmetrie des Kleeblattgrundrisses im Schnitt heraus. Räumlich ist das Gebäude als Doppelhelix strukturiert. Die Blätter des Kleeblatts rotieren um ein dreieckiges Atrium, formen sechs horizontale Ebenen, die jeweils aus dem ein- und dem zweigeschossigen Teil für die Sammlungen und die Mythosszenen bestehen und somit sechs zweigeschossige und sechs eingeschossige Ausstellungsräume bilden. ■ Automobil- und Nutzfahrzeugsammlungen sind gemeinsam in einem Raum angeordnet. Über das Eingangsgeschoss gelangt man in die Lobby mit Museumsshop und Restaurant und zur Ausstellung. ■ Unterhalb der Plattformebene sind das Kindermuseum, die flexiblen Ausstellungsbereiche, Administration und Anlieferung situiert.

Exhibitions, public programme parts as well as service and side areas are interwoven with one another. Spatially, the building is structured as a double helix. The leaves of the cloverleaf floor plan rotate around a triangular atrium and form six horizontal levels. Each of these consists of the one and two storey part for the collections and mythical scenes, thus forming six two and one storey exhibition rooms.

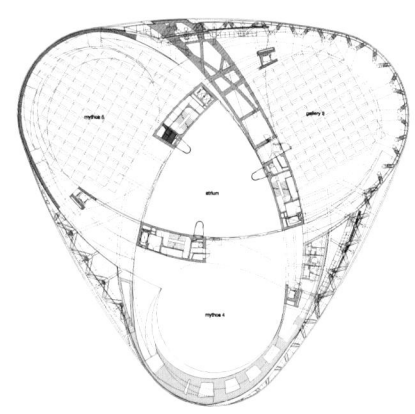

Grundriss | ground plan

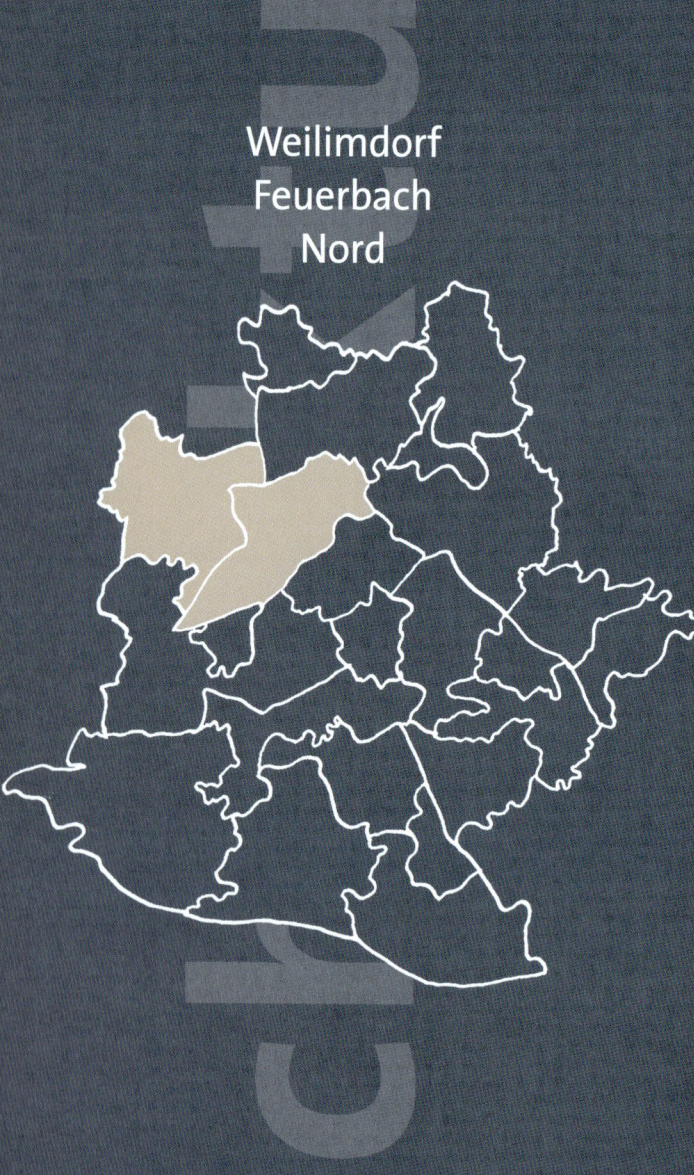

Weilimdorf
Feuerbach
Nord

Kindertagesstätte
Umbau und Sanierung

Solitudestraße 51

Weilimdorf

Der Kindergarten von 1961 musste saniert und um neue Gruppenräume erweitert werden. Raumaufteilungen nach heutigen pädagogischen Anforderungen und behindertengerechte Erschließung gehören zum neuen Konzept. Trennwände des Haupt-Treppenraumes sind aufgebrochen, der Eingangsbereich über einen Luftraum mit dem Obergeschoss verknüpft. Es entstehen differenzierte und vielfältige Beziehungen der Raumgruppen zueinander, die Erschließungsbereiche werden zum lebendigen Mittelpunkt des Hauses. ■ Durch Zonen und Aufweitungen der Flure jeweils im Eingangsbereich einer Gruppe und mit Einsatz neuer Materialien wie Holz und Glas werden die Gruppenzugänge aufgewertet: Sie werden ablesbar, erfahrbar mit eigener Adresse und Identität. ■ Alle Gruppenbereiche sind nach Süden orientiert. Großzügig verglaste Fassaden, niveaugleiche Holzroste im Erdgeschoss und Außentreppen ins Obergeschoss verweben Innen- und Außenraum. Die geschlossen wirkende Fassade nach Norden formuliert den Rücken des Gebäudes mit Schlaf-, Werk- und Funktionsräumen. Ein neues Kleid aus Holzlamellen wird nun unabhängig von den bestehenden Rohbauöffnungen ausgebildet, neue Proportionen können sich zwanglos entwickeln.

The group areas facing the south have been upgraded by widening of the hallways and using new materials. Generously glazed facades, level wooden grids on the ground floor and outer stairs into the upper stories interweave the inner and outer space. The apparently closed facade to the north forms the spine of the building with sleeping and shop rooms as well as function rooms.

Architekten |
architects:
Tusker, Ströhle,
Stuttgart

Bauherr |
builder-owner:
Landeshauptstadt
Stuttgart

Bauzeit |
construction time:
2003–2004

Foto | *photo*:
Christian Kandzia,
Esslingen

Bürogebäude M+W Zander/Jenoptikgruppe Neu- und Erweiterungsbau

Weilimdorf   Lotterbergstraße 30

Architekten |
architects:
H&B Hinrichs-
meyer&Bertsch,
Böblingen

Bauherr |
builder-owner:
M+W Zander
GmbH, Stuttgart

Bauzeit |
construction time:
1996–1998

Foto | photo:
Oliver Schuster,
Stuttgart

Die Abteilungen Verwaltung, Konstruktion, Planung und Produktion sollten auf einem bereits intensiv bebauten Grundstück an einem Standort zusammen geführt werden. Als Erweiterungsbauten entstanden das Turmhaus, der Verbindungsbau zum Altbau und eine Überbauung der Fertigungshalle. Der Verbindungsbau vermittelt zwischen Turmhaus und dem noch vorhandenen Altbau und nimmt die zweigeschossigen Konferenzräume und das Casino im Untergeschoss auf. ■ Für eine bessere Belichtung und Besonnung ist dieser Bereich durch eine Gabionenwand freigestellt. Die Fertigungshalle erhielt eine Überbauung mit zwei Parkierungsebenen und darüber ruhenden kammartig angeordneten Büroebenen. Zwei Atrien sind als Wintergarten ausgebildet. ■ An der Fassade werden intelligente Techniken mit Photovoltaikelementen demonstriert, die gleichzeitig als Sonnenschutz eingesetzt werden. Das Turmhaus akzentuiert die ansonsten eher flächenhafte Bebauung des Gewerbegebietes, ist Dominante und Orientierungspunkt zugleich.

The administration, construction, planning and production departments were to be brought together in a single location. The new tower house, the connecting passage from it to the old building and the superstructure over the production hall were extensions. The connecting passage mediates between the tower house and the remaining old building. The superstructure has two levels with parking spaces and office levels resting on them. ■ Photovoltaic elements on the facade protect from sunlight. The tower house accentuates the low construction of the surrounding commercial zone.

Bürogebäude Forum

Ingersheimer Straße 12

Weilimdorf

Mit seiner exponierten Lage markiert das Gebäude das Ende einer vielfältigen gewerblichen Bebauung im Übergang zur freien Landschaft. Absicht war es, mit einer ruhigen, einheitlichen Architektursprache und Fassadengestaltung ausgleichend auf die heterogene Umgebung eines Gewerbegebietes einzuwirken. Am besten schien dies mit einer klassischen, innen wie außen weißen Putzfassade erreichbar zu sein, so dass natürliche Materialien wie Holz und Naturstein ungestört zur Geltung kommen. ■ Das Gebäude lebt von der Ambivalenz aus emsiger Geschäftigkeit mit den Läden und Restaurant im Erdgeschoss, Dienstleistungsetagen und der vorhandenen ästhetischen Leere des Atriums. Mit nur einem Erschließungselement und mehreren Stegen können auf den Etagen unterschiedlich große Gewerbeeinheiten angeboten werden. Das 300 m² große Atrium wird von einem geneigten Glasdach bedeckt.

The building marks the end of diverse commercial development in transition to free countryside. The intention of the quiet, uniform architectural language and facade design was to exert a compensating influence on the surrounding heterogeneous commercial zone. This could be achieved optimally with a classical white plaster facade so that natural materials such as wood and stone could assert themselves without disruptions. ■ The building lives from the ambivalence between diligent activity and the atrium's aesthetic void. Commercial units of differing sizes can be offered on the building's storeys with just one connection element and several passageways. The atrium is covered by an inclined glass roof.

Architekten | architects: H&B Hinrichs-meyer&Bertsch, Böblingen

Bauherr | builder-owner: SV Sparkassen-versicherung Stuttgart

Bauzeit | construction time: 1998–1999

Foto | photo: Dietmar Strauss, Besigheim

Wohnhaus in Weilimdorf

Weilimdorf   Bei den Gärten 9

Architekten |
architects:
Kauffmann Theilig
& Partner,
Ostfildern

Bauherr |
builder-owner:
Katja und Tilman
M. Knapp

Bauzeit |
construction time:
1997

Foto | *photo*:
Roland Halbe,
Stuttgart

Trotz Ordnung und Dichte der Umgebung soll das Wohnhaus Großzügigkeit und Freiheit spürbar werden lassen. Erdgeschoss und Garten verschmelzen miteinander und sind gleich einer Schollenlandschaft modelliert. Hieraus erwächst das Haus mit zwei sichtbaren Ebenen unterschiedlicher Geometrie und Materialität. Mit großem Bezug des Innenraums zum Außenraum befinden sich dort die fließend ineinander übergehenden Wohnbereiche, Küche, Essplatz und ein Gästezimmer. ■ Über dem Erdgeschoss schwebt eine holzbekleidete Box mit klar umrissener Kontur, funktional, formal und konstruktiv abgesetzt mit dem privateren Wohnbereich und Schlafräumen. Die Box ist in einfacher Holzständerbauweise erstellt und weitgehend aus Holzfertigteilelementen vorgefertigt. Ein massiver Kern aus Stahlbeton ist gleichzeitig Last abtragende Konstruktion, Aussteifung, Versorgungskern und auch Speichermasse des Gebäudes. ■ Das Haus ist als Niedrigenergiehaus konzipiert und mit Wärmerückgewinnung zur kontrollierten Lüftung, einem Erdkanal zur sommerlichen Vorkühlung und zur winterlichen Erwärmung der Luft und einer Solaranlage zur Warmwasserbereitung ausgestattet.

The ground floor and the garden of the low-energy house blend in well together and have been modelled in a similar manner to a stubble landscape from which the house evolves with two visible levels comprising a differing geometry and materiality. A box in a wooden rack design with clearly defined contours floats above the ground floor. A solid core made of re-inforced concrete simultaneously forms a construction that bears the load, the bracing, the supply core and the main storage area of the building.

Baubetriebsstelle mit Fahrzeughalle

Leobener Straße 90   Feuerbach

In einem heterogenen Industriebetrieb zwischen Block-
heizkraftwerk und Schuppen steht die kleine Halle zur
Unterbringung von Fahrzeugen. Die an drei Seiten ge-
schwungene Form entwickelt sich aus dem Grundstück mit seinen gekurvten Umfahrten. An der vierten
Seite schließen drei große elektrische Rolltore den
Unterstand. Der Einschnitt im Grundriss dient als Überdachung für Gefahrenstoffschränke. ■ Innen ist die
Halle durch angenehmes Tageslicht bestimmt, nachts
leuchtet das Gebäude nach außen wie ein japanischer
Lampion und gibt dem Ort eine neue Dimension.

The little hall for motor vehicles stands in a heterogeneous industrial concern between its block type ther-
mal power station and some sheds. Its curved form on
three sides results from the property with its curved by-
passes. On the fourth side, three large electric rolling
gates close the shelter. The cleft in the layout serves as
roofing for cupboards for hazardous substances. ■ Inside, the hall is defined by pleasant daylight. During the
night the building lights up like a Japanese lantern, im-
parting a new dimension to the place.

Architekten |
architects:
Kamm
Architekten,
Stuttgart

Bauherr |
builder-owner:
Landeshauptstadt
Stuttgart

Bauzeit |
construction time:
2003

Foto | *photo*:
Christian Richters,
Münster

Bosch-Zentrum am Feuerbach

Feuerbach   Borsigstraße 14

Architekten |
architects:
Schwarz
Architekten,
Stuttgart

Bauherr |
builder-owner:
BOHI e.V.,
vertreten durch
die Robert Bosch
GmbH, Stuttgart

Bauzeit |
construction time:
1999–2001

Foto | *photo*:
Luz und Partner,
Stuttgart

Das Verwaltungszentrum besteht aus drei Gebäuden: dem zur Borsigstraße orientierten Büro- und Weiterbildungsgebäude mit sämtlichen Infrastruktureinrichtungen wie Schulungsräumen, Konferenzsaal, Cafeteria und Kantine im Erd- und ersten Obergeschoss sowie Büroräumen in weiteren Obergeschossen, dem Ausbildungsgebäude an der Kruppstraße sowie dem Gebäude der Betriebskrankenkasse BKK an der Ecke Krupp-/Affalterstraße. Unter dem gesamten Areal erstreckt sich eine Tiefgarage. Für einen gegenüber der Straße vorgelagerten baumbestandenen Grünstreifen sind die Gebäude zurückgesetzt. ■ Im Quartiersinnenbereich entstand eine Grünzone mit dem freigelegten Feuerbach, begleitet von Sitzpodesten und Verweilzonen mit hoher Aufenthaltsqualität. Die Gebäudefassaden reagieren auf die unterschiedlichen städtebaulichen Anforderungen: Doppelfassade mit Schallschutzfunktion zur Borsigstraße, gegliederte Fassaden mit vorgesetzten Reinigungsbalkonen zum Innenhof. Die Dächer der Gebäude sind als fünfte Fassade begrünt.

The entire ensemble consists of three buildings: the office and advanced training buildings with infrastructure facilities, the training building and the BKK building for the company health insurance fund. An underground garage is located under the entire area. The buildings are set back from the street to make room for a green strip with trees. ■ There is also a green zone in the quarter's inner area. The buildings' facades with sound insulation and cleaning balconies are an answer to various urbanistic requirements. The roofs of the buildings are planted over as a fifth facade.

Hohewart-Realschule
Erweiterung

Hohewartstraße 95   Feuerbach

Der zweigeschossige Erweiterungsbau fügt sich in den Kontext des bestehenden Schulkomplexes ein, während seine moderne Form- und Materialsprache sich klar und bewusst von ihm abhebt. Er umfasst im Erdgeschoss zwei Klassenräume mit Nebenräumen. Durch eine Glasfuge optisch getrennt, koppelt sich das Gebäude im rechten Winkel an die südliche Stirnseite des bestehenden Hauptgebäudes an. ■ Ein innen liegender Aufzug sorgt für die barrierefreie Erschließung innerhalb des Gebäudes. Bestimmendes Thema der Fassade ist der geschlossene kubische Baukörper, in den die liegenden und stehenden Fensterbänder der Flure und die große Öffnung der Klassenräume eingeschnitten sind. Die Flächen bestehen aus einer hinterlüfteten Schalung von durchgefärbten Faserzementplatten im warmen Schieferton. Kontrastierend dazu wirkt das lasierte Lärchenholz, das in den Brüstungsbereichen der großen Verglasungsöffnung oder als Sonnenschutz in der Glasfuge lichte Akzente schafft. ■ Im Inneren des Gebäudes wirken die natürlichen Materialfarben sowie bewusst gesetzte farbliche Akzente.

The extension of this secondary modern school is coupled to the existent main building at right angles, but optically separated from it by a glass joint. The facade's dominating theme is the closed cubic construction into which the strips of windows in the corridors and the large openings of the classrooms are cut. The surfaces consist of a shell of fibre cement plates dyed in a warm slate shade. In contrast, glazed larch wood creates clear accents. A large glass enclosed opening is the distinctive feature of the facade toward the south.

Architekten | *architects:*
Reichert.Schulze Architekten, Stuttgart

Bauherr | *builder-owner:*
Landeshauptstadt Stuttgart

Bauzeit | *construction time:*
2001–2002

Foto | *photo*:
Zooey Braun, Stuttgart

123

Theaterhaus

Feuerbach Siemensstraße 11

Architekten |
architects:
plus-bauplanung,
Hübner, Forster,
Hübner, Neckar-
tenzlingen
mit Engelhard
Eggler Archi-
tekten, Besigheim

Bauherr |
builder-owner:
Stiftung
Pragsattel,
Theaterhaus
Stuttgart

Bauzeit |
construction time:
2001–2003

Foto | *photo*:
Dietmar Strauß,
Besigheim

Das Theaterhaus hat sich aus einer Initiativgruppe zu einer eigenständigen Institution der Stuttgarter Kulturlandschaft etabliert und war in einem alten Straßenbahndepot untergekommen, das nicht mehr den Anforderungen entsprach. Die Stadt schenkte dem Verein die denkmalgeschützte Rheinstahlhalle. Klinkerfassade, filigranes Stahltragwerk mit Oberlichtbändern und das originäre Hallenvolumen waren zu erhalten. Kultur und Sport sollten sich am neuen Ort verbinden. ■ Vier Black Boxes unterschiedlicher Größe und verschiedenen Anforderungen entsprechend sind in die Halle eingestapelt, die größte mit 1.050, die kleinste mit 150 Zuschauerplätzen. Die White Box aus recycelten Sicherheitsgläsern des finnischen Expo-Pavillons, unter dem ehemaligen Mittelschiff der Rheinstahlhalle, wird für Sportveranstaltungen von Trend- bis Betriebssport genutzt. Das Foyer entwickelt sich über die Gesamtlänge der Halle auf der Nordseite und bildet mit seiner Originalfassade eine Hofseite des Biergartens. ■ Im Inneren des Foyers treffen Alt und Neu, Patina aus Vergangenem und unprätentiöse Gebrauchsarchitektur am sichtbarsten aufeinander.

The city gave the Theatre House its Rheinstahlhalle, whose clinker facade, steel supporting framework and volume were to be retained. ■ Four black boxes of differing sizes and spectator capacity are stacked into the hall and the white box is used for sports box events. The foyer is developed over the entire length of the hall and forms a side of the beer garden. Inside the foyer, one can see old meeting new, patina from the past meeting architecture for use.

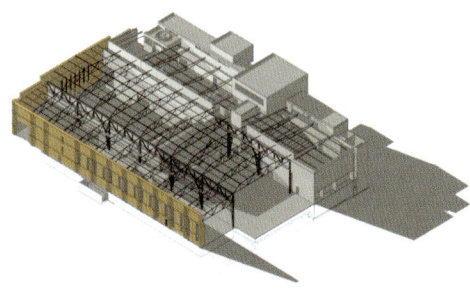

Isometrie | isometric view

MKI Zentrum für Medien, Kunst und innovative Dienstleistungen

Feuerbach   Hohnerstraße 23

Architekten |
architects:
Bulling
Architekten,
Korntal

Bauberr |
builder-owner:
Wolfgang Kreis,
Stuttgart

Bauzeit |
construction time:
1999–2000

Foto | *photo*:
Bulling
Architekten,
Korntal

Die Brücke zwischen Industrie- und Medienzeitalter am Scheitelpunkt der Jahrhundertwende – das ist die Idee, die in diesem Gebäude sichtbar zum Ausdruck gebracht wird. Die Gebäude aus den 1950er Jahren im Umfeld sind der Industriearchitektur der Vergangenheit zugehörig – das MKI nimmt in Form, Material und Nutzung den Zeitgeist auf und richtet den Blick in die Zukunft der modernen Arbeitswelt. ■ Nichts und niemand muss sich im rundherum verglasten Solitär verstecken. Gebäudestatik, Technik und Räume bleiben sichtbar. Die Arbeitsplätze sind offen gestaltet, Menschen begegnen sich allerorten. ■ Die Innenarchitektur entspricht der neuen Arbeitsweise der Mediengesellschaft. Den Mittelpunkt des Gebäudes bildet das blau leuchtende Atrium-Treppenhaus mit gläsernem Aufzug, um das sich die Ebenen ringförmig anordnen. Stahltreppen und Stege mit hellen Holzplanken verbinden die Geschosse miteinander. Treffpunkt ist darüber hinaus die Cafébar mit Betonrippendecke, kühlen Edelstahl- und Sichtbetonflächen vor roten Wänden.

This building stands for the transition from the industrial to the media age. While its constructs lie in the area of industrial architecture, the MKI takes up the spirit of the times and directs its vision towards the future of the modern world of work. Both this solitary structure, which is glazed all around, and the work places in it are open, with the interior architecture corresponding to the media company's mode of operation. In the centre is the atrium staircase with glass lift, which is illuminated in blue and around which the levels are arranged in a ring.

Mercedes Forum

Heilbronner Straße 339   Feuerbach

Ein großes Schaufenster von 135 Metern Länge und 18 Metern Höhe zur Heilbronner Straße, einer der meistbefahrenen Straßen der Stadt: Mit seiner Riegel-Doppelfassade prägt das Autohaus für Gebraucht- und Neuwagen der DaimlerChrysler-Niederlassung die Umgebung. Im verglasten Hallenbau werden zudem Konzerte, Lesungen, Seminare und verkaufsunterstützende Events veranstaltet. In dem an der Nordfassade angeschlossenen Rundbau finden das Bistro „Silberpfeil" und weitere Ausstellungs- sowie Büroräume Platz. ■ Nach Westen ist die Halle an bestehende Gebäude angebunden, dadurch schwingt sich das Dach auf 14 Meter Höhe ab. Die Erdgeschosszone mit 1.600 m² ist als Begrüßungs- und Veranstaltungsebene den Events und der Gastronomie vorbehalten. Haupt- und Tischgeschoss bilden die eigentlichen Ausstellungsebenen für die Fahrzeuge. ■ Die an der Nordaußenseite angebrachte 50 m² große Videowand bedingte hier, eine Umkehrfassade mit nach innen angesetzter Isolierverglasung auszubilden.

The showroom makes a mark on its surroundings with its impressive picture window. Concerts, readings, seminars and events are also held in this glazed hall. A bistro and further exhibition space and offices can be found in the connecting round building at the north facade. ■ The hall is connected to existent buildings toward the west. The ground floor zone is reserved for events and gastronomy as a level for welcomes and other activities. The actual levels for displaying motor vehicles form the main and table storey. ■ The video screen placed on the northern outer wall was the reason for the reverse facade here.

Architekten | architects:
Peter Kopp
Architekten,
Stuttgart

Bauherr | builder-owner:
Daimler Chrysler
AG, Stuttgart

Bauzeit | construction time:
1997–1998

Foto | photo:
Oliver Quirmbach,
Stuttgart

Revitalisierung Geschäftshaus

Nord   Herdweg 24

Architekten |
architects:
Eckert, Manthos,
Tagwerker,
Stuttgart

Bauherr |
builder-owner:
AVG Holding,
Stuttgart

Bauzeit |
construction time:
2001–2002

Foto | *photo*:
Peter Hartung,
Stuttgart

Das Gebäude von 1973 wurde wegen Korrosionsschäden an der Unterkonstruktion, seines enormen Energieverbrauchs infolge mangelhafter Isolierung und anderer Mängel bis auf die Rohkonstruktion entkernt. Fassaden, Treppenhaus, Haustechnik sowie der gesamte Innenausbau der Büroetagen wurden vollständig erneuert. ■ Charakteristisch für die Entstehungszeit des Gebäudes ist die plastische Baukörperform mit einer betont horizontalen Schichtung der Stockwerksebenen, mit Terrassierungen und ausgeprägten Fenster- und Brüstungsbändern, die sich jedoch in ihren Proportionen nicht in den städtebaulichen Maßstab der benachbarten Stadtvillen einfügte. Es lag nahe, bei der Entwicklung der neuen Fassade das Thema der horizontalen Bänderung aufzugreifen und weiterzuentwickeln mit dem Ziel, die vorhandene Baukörpermasse stärker zu gliedern und besser in die Umgebung einzubinden. Die Büroflächen können nach dem Umbau nun flexibel, den Bedürfnissen der Nutzer entsprechend, geteilt werden. ■ Die farbigen Glasfassade im Eingangsbereich gestaltete der Esslinger Künstler Bernhard Huber.

This building from 1973 was stripped down to its core construction and then facades, staircases, house technology and office floors were completely rebuilt. The new facades were designed by further developing the horizontal layering of the storeys so typical of the date of origin in order to structure the construction even more strongly than before and to integrate it into its surroundings. The office space can be partitioned flexibly after the reconstruction in accordance with the requirements of its users.

Haus Robo 80

Robert-Bosch-Straße 80 Nord

Das Grundstück befindet sich an einer städtebaulich exponierten Lage in einer Art Klinge unterhalb eines öffentlichen Aussichtsplatzes. Bei einer Bebauung mit einem baurechtlich zulässigen Satteldachgeschoss wäre die Aussicht talwärts zur Stadt nicht mehr möglich gewesen. Leitgedanke der Planung waren deshalb ein kompakter Baukörper mit Ausbildung des Daches als fünfte Fassade und die Umsetzung der unterschiedlichen Bedürfnisse und Wünsche der Bewohner in einem gemeinsamen und einheitlichen Haus. ■ Dementsprechend sind die Grundrisse und die Erschließung der beiden Haushälften unterschiedlich realisiert. ■ Über jeweils drei Geschosse erstreckt sich Wohnraum für zwei Familien. Im Hanggeschoss wurde ein Büro für die gemeinsam betriebene Firma eingerichtet.

Architekt |
architect:
Alexander
Brenner, Stuttgart

Bauherr |
builder-owner:
privat

Bauzeit |
construction time:
1998–1999

Foto | *photo*:
Al Broc, Stuttgart

The property is located on an urbanistically exposed position in a kind of blade below a public vantage point. Construction with a saddleback roof that conforms to building standards would have cut off the view into the valley toward the town. For this reason, planning was guided by the idea of a compact structure with its roof forming a fifth facade. ■ The various needs and wishes of the inhabitants are provided by a common, unified split level house for which the floor plans and development of its two halves are implemented in different ways. ■ The living space for two families occupies three storeys each. The basement accommodates an office for the company which the families run together.

Gerlinghaus am Löwentor

Nord   Heilbronner Straße 158

Architekten |
architects:
gmp Architekten
von Gerkan, Marg
und Partner,
Hamburg

Bauherr |
builder-owner:
Gerling Konzern
Köln

Bauzeit |
construction time:
1996–1997

Foto | *photo*:
Roland Halbe,
Stuttgart

Das Gebäude reagiert in Form und Konzept auf die städtebauliche Situation mit dem sich verjüngenden Grundstück zwischen Heilbronner- und Presselstraße. Der Baukörper in Form eines rechtwinkligen Dreiecks ragt mit seiner Spitze zur Innenstadt und markiert den Auftakt zu den anschließenden Bürogebäuden. Geschlossene Fassade und verglaste Wintergärten orientieren sich zur stark befahrenen Heilbronner Straße; offene Höfe mit zu ihnen orientierten Büros ragen in das Tal. ■ Die der Straßengabelung zugewandte Spitze betont die Thematik des Gebäudes: Eine geschlossene Fassadenseite und eine vollverglaste Seite stoßen aufeinander. Die zum Tal liegenden Bürotrakte werden zur Heilbronner Straße durch transparente Glashallen verbunden. Sie schützen die Büros vor Straßenemissionen und bilden zugleich großzügige Treppenhäuser für die Büroerschließung. ■ In einer Umgebung, die durch zahlreiche Bürobauten geprägt ist, erzeugt das Casino im grünen Hof eine intime Atmosphäre und ist Rückzugsmöglichkeit. Die Schließung der Attika durch „Luftbalken" fasst die Figur des Dreiecks zusammen.

The building reacts to the urbanistic situation of the rejuvenated property. The body of the construction in the form of a right angled triangle points to the city centre with its apex and is a prelude to the connecting office buildings. Closed facades and glazed winter gardens face Heilbronner Strasse; open courtyards protrude into the valley. The apex pointing into the fork formed by the streets underscores the building's theme: a closed facade side and a fully glazed side running into each other.

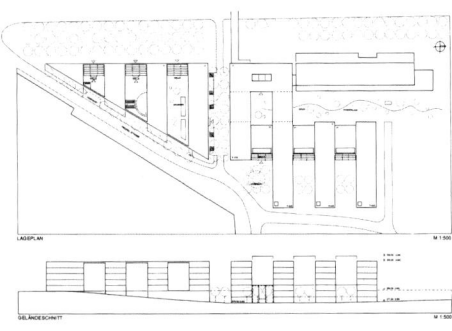

Lageplan | site plan

Drei Mehrfamilienhäuser

Feuerbach   Happoldstraße 15 und Fahrionstraße 41+43

Architekten |
architects:
Willwersch
Architekten,
Stuttgart

Bauherr |
builder-owner:
MTM Wohnbau
AG, Stuttgart

Bauzeit |
construction time:
2002–2004

Foto | *photo*:
Willwersch
Architekten,
Stuttgart

Das Ensemble dreier Mehrfamilienhäuser befindet sich teilweise in Hanglage. Das Haus an der Happoldstraße spiegelt seine Inhalte in seiner äußeren Hülle. Zur Straßenseite – bis auf das völlig transparente Treppenhaus relativ homogen und geschlossen wirkend – öffnen sich die Fassaden talseitig in mehreren Schichten. Große vorgelagerte Balkone sowie vollverglaste Fensterflächen erweitern den Wohnkomfort. Sie vermitteln den Eindruck schlichter Eleganz. ■ Beide Häuser in der unteren Fahrionstraße sprechen dieselbe unprätentiöse Sprache. Auch hier wurde dem Lauf der Sonne Rechnung getragen und die zum Hang gerichtete Fassadenseite den Neben- und Schlafräumen vorbehalten. Zur Aussicht und Sonne öffnen sich die Fassaden und zeigen im Wechsel mit sensibel gesetzten, geschlossenen Wandteilen ein homogenes Erscheinungsbild. ■ Jedes Haus beherbergt Wohnungen unterschiedlicher Größe. Staffeldachgeschosse mit auskragenden Dachrändern und begrünten Flachdächern fügen sich wie selbstverständlich in die umgebende Natur. Alle Häuser wurden konventionell als Mauerwerksbau mit entsprechend aussteifenden Stahlbetonteilen erstellt.

All houses speak the same unpretentious language. The facades open up to the view and to the sun and display a homogenous appearance with sensitively set closed wall parts. ■ Each house contains flats of various sizes. Staggered roof storeys with protruding borders and planted flat roofs fit into surrounding nature as a matter of course.

Einfamilienhaus Brückner

Hangleiterstraße 7   Nord

Das Einfamilienhaus in Hanglage in gewachsener Baustruktur wird über den „öffentlichen Teil" mit Eingangszone, Küche und Essbereich erschlossen. Mit dem Gang nach unten über die Treppe steigert sich der private Charakter: Eine Etage tiefer liegt das Wohnzimmer, darunter der Kinderbereich mit angeschlossener Terrasse, im Gartengeschoss die Schlafräume der Eltern mit Bad. ■ Die Treppe faltet sich als stählernes Blechband durch die Geschosse. Durch das Oberlicht fällt Licht entlang der Sichtbetonwand bis in die unterste Etage. Die Betonwand bildet das Rückgrat des Hauses und trennt die Nebenräume vom Wohnraum. ■ Die Öffnung der Fassade auf der Ost- und Südseite auf den beiden Hauptgeschossen geschieht über Falt-Schiebe-Elemente, die die Gliederung der gesamten Fassade bestimmen.

This single occupancy house on a slope is accessed through its "public part" with entrance zone, kitchen and eating area. Intimacy increases as one goes downstairs. The next floor contains the living room and under it is the area for the children with connecting terrace. The garden floor is reserved for the parents' bedrooms and bath. ■ The stairs unfold as a steel band passing through the storeys. Light coming through the roof falls along the ferroconcrete to reach the lowest floor. The concrete wall forms the house's spine and separates the side rooms from living space. ■ The facade on both main storeys is opened on the east and south sides by folding and sliding elements which define the structure of the entire facade.

Architekten |
architects:
Atelier Brückner und
Ruppe Architekten, Stuttgart

Bauherr |
builder-owner:
Familie Brückner

Bauzeit |
construction time:
2001-2002

Foto | *photo:*
Joachim Kehrer, Stuttgart

Killesbergturm

Nord   Im Killesbergpark

Ingenieure | engineers:
Schlaich,
Bergermann +
Partner, Stuttgart

Bauherr | builder-owner:
Verschönerungs-
verein der Stadt
Stuttgart e.V.

Bauzeit | construction time:
2000–2001

Foto | photo:
Oliver Quirmbach,
Stuttgart

Der 40 Meter hohe Turm steht auf der höchsten Erhebung des Killesbergparks. Finanzieller Mangel verhinderte, dass der Turm bereits zur IGA 1993 hier seinen Platz einnahm. Durch das große Engagement des Verschönerungsvereins, u. a. mit dem Verkauf von einzelnen Treppenstufen, konnte der Traum vom Turm doch noch verwirklicht werden. Von den vier Plattformen werden grandiose Ausblicke geboten. ■ Der Turm ist aus einem Zentralmast und einem aus 48 Spiralseilen gewebten Seilnetz konstruiert. Das Seilnetz wird an einem Druckring zum Mast hin umgelenkt und kann so durch diesen vorgespannt werden. Durch die Vorspannung ist das Seilnetz fähig, Plattformen und stählerne Treppenläufe zu tragen. ■ Die Plattformen aus radial orientierten Trägerrosten und einem Belag aus Tränenblech werden zur Befestigung nicht nur am Seilnetz, sondern auch am Mast aufgelagert und steifen diesen damit zusätzlich aus. Die Verankerung der Zugkräfte geschieht über ein ringförmiges Schwergewichtsfundament unter den Verankerungspunkten der Seile. Die Druckkraft des Mastes wird über das zentrale Fundament bis in die tragfähigen Schichten des Baugrunds geleitet.

The 40 metre look-out is situated at the highest point of the Killesberg park and offers a fantastic view from four platforms. Its construction consists of a central mast and a network of cables which are directed toward it at a thrust collar. ■ The platforms are secured to the cable network by supports at the mast. The tensile loads are stayed via a ring shaped gravity foundation under the cables' anchorage points.

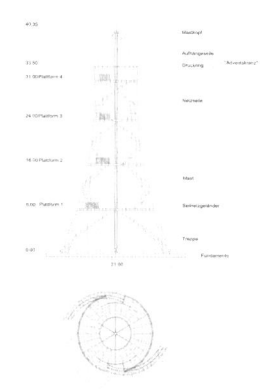

Schnitt, Grundriss | section, ground plan

Stammheim
Zuffenhausen
Neugereut

Katholisches Gemeindezentrum St. Antonius

Besigheimer Straße 19

Zuffenhausen

Die um 1900 erbaute St. Antoniuskirche macht schon aus der Ferne auf sich aufmerksam und wirkt mit Glockenturm und Chor bis in die nahe Straßenkreuzung hinein. Besonders auch die räumliche Nähe der Kirche zu ihren umliegenden Nachbargebäuden, die allesamt auf rechtwinkligen Grundrissen errichtet wurden, charakterisiert diese Situation. ■ Die Geschichte des Ortes wird mit dem Zentrum weiter geschrieben: Seine Ziegelsteine antworten den Ziegelfassaden der Kirche, seine Farben heben sich nur leicht von seiner Umgebung ab, seine Plastizität bezieht sich auf die räumliche Komposition der Kirche. Der abgerundete Chor findet sein formales Pendant im abgerundeten Treppenturm des Zentrums. Kirche und Gemeindezentrum kommen zusammen, sie treten in einen räumlichen Dialog. Der neu geschaffene Platz gehört nun zu beiden Gebäuden, er ist öffentlicher Mittelpunkt und verdeutlicht das Zusammenspiel. ■ Ein großer Saal, Hospizbüro, Eine-Welt-Laden, Sozialstation, zwölf Wohnungen, Gästeappartements und die Hausmeisterwohnung sind im dreigeschossigen Komplex über dreieckigem Grundriss untergebracht.

Here, church and community centre come together and enter into spatial dialogue. The centre's bricks answer the church's brick facade, its colours distinguish it only slightly from its surroundings, and its plasticity refers to the spatial composition of the church. ■ The rounded choir finds its formal pendant in the centre's rounded stair tower. The newly created square belongs to both buildings. It is a public central point and brings out the interplay.

Architekten | *architects:*
Lederer Ragnarsdóttir-Oei, Stuttgart

Bauherr | *builder-owner:*
Katholische Kirchengemeinde St. Antonius, Stuttgart-Zuffenhausen

Bauzeit | *construction time:*
1999–2001

Foto | *photo:*
Roland Halbe, Stuttgart

Kindergarten und Sozialwohnungen Sieben Morgen

Stammheim   Sieben Morgen 3 + 5

Architekten |
architects:
Herrmann +
Bosch, Stuttgart

Bauherr |
builder-owner:
SWGS Stuttgarter
Wohnungs- und
Städtebaugesell-
schaft

Bauzeit |
construction time:
1996–1997

Foto | *photo*:
Oliver Quirmbach,
Stuttgart

Das Wohngebäude mit 22 Sozialwohnungen, Kindergarten und Tiefgarage liegt am südöstlichen Ende des
Neubaugebiets Sieben Morgen. ■ Es gliedert sich in
drei Gebäudeteile, die beiden rechtwinklig zueinander
stehenden, dreigeschossigen Wohnungsbauten und
den südlich vorgelagerten Flachbau des Kindergar-
tens. Die Erschließung der Wohnungen erfolgt über
großzügige Laubengänge mit luftigen Holzlamellen-
verkleidungen. Sämtliche Wohnungen bieten die Möglichkeit des „Durchwohnens" – transparent und offen;
die Wohnungen im Dachgeschoss verfügen zudem
über Terrassen. ■ Trotz eines engen Kostenrahmens
konnten Wohnungen mit hoher Qualität sowie Außen-
und Erschließungsflächen mit gemeinschaftsfördern-
der Aufenthaltsqualität entstehen.

The residential building with 22 low cost flats, kindergarten and underground garage lies at the southeast
end of the new development area Sieben Morgen. ■ This
building has three parts. Two of these, with the residential units, stand at right angles to each other and
have three storeys above ground. The kindergarten,
with just a ground floor, lies in front of them to the
south. The flats are reached via generous access galleries with airy wooden lamella casing. All flats offer the
option of "living through" – transparently and openly;
the flats in the attic storey also have terraces. ■ De-
spite a tight budget these are high quality flats and the
surrounding areas including streets, walkways, other
support facilities, landscaping, etc. promote a community atmosphere.

Arche

Hornemannweg 10   Stammheim

Die Kirchengemeinde Stammheim hatte einen stark sanierungsbedürftigen Kirchenraum in einer Baracke. Eine richtige Kirche und Begegnungsstätte mit einem kleinen finanziellen Budget war gewünscht. Die Idee eines kreisförmigen Raumes sowohl für den Gottesdienst als auch für Begegnungen fand Zustimmung. ■ Ein spiralförmiger Grundriss in Form eines Ammoniten ermöglichte am offenen Ende eine Verbindung und Erweiterung zur Baracke und einen neuen Eingang mit Vordach an der Ecke. Die Dachkonstruktion dieser Grundrissform ist eine Reihe radial angeordneter Fachwerkträger aus Douglasiedielen, die entsprechend der zunehmenden Belastung zur Außenwand vielschichtiger werden. Die Träger wurden auf der betonierten Bodenplatte vorgefertigt, insgesamt 24 Binder von oder unter Patenschaft der Mitglieder der Kirchengemeinde. ■ Die Fassade wird bestimmt durch den Einsatz von gespendeten Isolierglasscheiben aus der Materialprüfanstalt der Universität Stuttgart. Der Ausbau mit Birke-Multiplexplatten wurde ebenso in Eigenleistung ausgeführt.

Architekten | architects: plus-bauplanung, Hübner, Forster, Hübner, Neckartenzlingen

Bauherr | builder-owner: Evangelische Kirchengemeinde, Stuttgart-Stammheim

Bauzeit | construction time: 1997–1999

Foto | photo: Peter Blundell Jones, Sheffield/UK

The church room housed in barracks was in need of renovation and was to be turned into a "proper" church and place of meeting. ■ A spiral shaped floor plan made it possible to place a connection and extension to the barracks on the open end as well as a new entrance with canopy at the corner. The roof construction consists of radially arranged latticed framework supports which become multi-layered toward the exterior wall and some of which were prefabricated by church members. The construction with birch multiplex plates was likewise carried out by the customer.

Dürr Ingenieurzentrum

Zuffenhausen   Otto-Dürr-Straße 8

Architekten |
architects:
Ingenhoven
Overdiek und
Partner,
Düsseldorf

Bauherr |
builder-owner:
Dürr Systems
GmbH, Stuttgart

Bauzeit |
construction time:
1998–2001

Foto | *photo*:
H.G.Esch, Hennef

Die Neuordnung des Firmengeländes und der Gebäudefunktionen war Voraussetzung für die Darstellung der neuen Corporate Identity der Dürr AG. ■ Wegen der verschiedenen Tiefen der vorhandenen Gebäude wirkte das Gebäudekonglomerat der architektonisch ähnlichen Bestandsgebäude zerklüftet. Durch die Neuorganisation von Erschließungsachsen und Funktionen wurde der Haupteingang nun in den Neubau verlegt. Man erreicht ihn über eine breite Freitreppe. Sie wird von einem schmalen, scheinbar schwebenden Balkon entlang der Hauptfassade begleitet. ■ Im fünfgeschossigen Neubau wurden Räume für den Vorstand und Ingenieurbüros eingerichtet. Im Erdgeschoss liegen Kantine, Küche und Kasino und im ersten bis vierten Obergeschoss Büros. Die dem Alt- und Neubau zwischengeschaltete Eingangshalle mit einer Breite von 21 und einer Höhe von 19 Metern dient sowohl als Ort der Orientierung als auch zur Kommunikation. Der weiträumige Ausstellungsbereich wird zur Firmenpräsentation genutzt. Auch innerbetriebliche Veranstaltungen finden hier statt.

To present the new corporate identity of the Dürr AG, the company premises and building functions were rearranged. Thus the main entrance was relocated in the new building where rooms for the Board of Directors and engineering offices were furnished and equipped. ■ The new building is reached by wide outdoor steps. The entry hall which was placed between the old and new buildings serves as a place of orientation and for communication. The exhibition area is used to present the company. Internal events are held here too.

Wohnanlage

Graugansstraße 18–22

Neugereut

Die Wohnanlage besteht aus zwei Baukörpern mit 47 Wohneinheiten, die über ein gemeinsames Unterge- schoss verfügen. Den Mittelpunkt der Anlage bildet ein gemeinschaftlich genutzter Freibereich mit Kinder- spielplatz und Erschließungswegen. Das fünfgeschos- sige Punkthaus bietet 3 1/2 Zimmer- und Penthouse- wohnungen und schließt die Anlage zur Graugans- straße ab. Der viergeschossige Zeilenbau gliedert sich in zwei Gebäudeflügel, die an ihrem Knickpunkt durch ein offenes Treppenhaus mit Aufzugsturm miteinan- der verbunden sind. Die Maisonette- und Etagenwoh- nungen bilden einen lebendigen Wohnungsmix. Über Laubengänge werden die oberen Stockwerke erschlos- sen. ■ Südwestorientierte Balkone sind in einem Stahlregal eingehängt. Im Zusammenspiel mit farbi- gen Sichtschutzmarkisen und Trennelementen aus Lär- chenholz sorgt das Regal für eine abwechslungsreiche Gliederung der langen Fassadenabwicklung. Gleiche Materialien, Farben und Ausführungsdetails fügen die beiden unterschiedlichen Baukörper zu einem Ensem- ble zusammen.

The housing estate comprises two building constructs which share a common basement and free areas used by the community. While the point house with its five storeys above ground offers 3 1/2 room flats and pent- house dwellings, a more differentiated mix of flats is to be found in the two winged Zeilenbau, or Row / Bar, with four storeys above ground. ■ There the upper storeys are connected by access balconies and the bal- conies facing the southwest are hung in a steel rack along the building. Use of the same materials, colours and details join the various constructs into an ensemble.

Architekten |
architects:
Eckert, Manthos, Tagwerker, Stuttgart

Bauherr |
builder-owner:
Planwerk Bau GmbH+Co. KG, Stuttgart

Bauzeit |
construction time:
2001–2003

Foto | *photo*:
Andreas Henkel, Stuttgart

Reihenhäuser Im Raiser

Zuffenhausen   Max-Gutekunst-Weg / Ruth-Bockmann-Weg

Architekten |
architects:
Kohlmayer
Oberst, Stuttgart

Bauherr |
builder-owner:
SWG Stuttgarter
Wohnungsbau-
und
Städtebaugesell-
schaft mbH

Bauzeit |
construction time:
2002–2003

Foto | *photo*:
Günter Richard
Wett, Innsbruck/A

Das Baufeld für die 37 Reihenhäuser ist in sechs Zeilen aufgeteilt; je drei Zeilen bilden eine räumliche Einheit. Kleine öffentliche Plätze strukturieren den Raum. Am Rand des Wohngebietes sind Spielplätze und Naherholungsflächen angeordnet. Die Hauszeilen werden jeweils über nicht befahrbare Wohnwege im Gemeinschaftseigentum erschlossen. Alle Gebäude sind in ökologischer Holzrahmenbauweise errichtet. ■ Es entstanden zwei Haustypen mit gleicher Grundstruktur: ein Vier-Zimmer-Haus mit der Option einer Dachterrasse mit einer Wohnfläche von ca.112 m² und ein Fünf-Zimmer-Haus mit einer Wohnfläche von etwa 134 m². ■ Zwei Grundrisszonen definieren den inneren Raum des 8,50 Meter breiten und 6,60 Meter tiefen Hauses: Die Schicht der Funktionsräume als energetische Pufferzone ist nach Nordosten ausgerichtet; die großzügigen Wohn- und Schlafräume orientieren sich nach Südwesten zum Garten und öffnen sich mit großzügigen zweiflügligen Fenstertüren. Schiebeläden aus vertikal angeordneten, naturbelassenen Douglasie-Kanthölzern dienen dem Sonnenschutz. Das Sonnenbzw. Tageslicht wird gefiltert; im Innenraum entsteht ein reizvolles Spiel von Licht und Schatten.

Two house types with the same basic structure were created: a four room house with the option of a roof terrace and a five room house ■ Two floorplan zones define the inner space: the function rooms as energy buffer zone face toward the northeast; the living rooms and bedrooms face toward the southwest. Sliding shutters of timber strips protect from the sun's rays. Light is filtered; in the interior space there is interplay of light and shadows.

Reihenhäuser Im Raiser

Dr. Gotthilf-Schenckel-Weg   Zuffenhausen

In sechs Bauzeilen konnten die fünf verschiedenen Haustypen erstellt werden. Jedes der 30 Reihenhäuser verfügt entweder mit vier oder fünf Zimmern über 112 m² bis 141 m² Wohnfläche. Durch die modulare Bauweise, erstellt mit Kernhaus, Eingangsbau und Dachaufbau, weisen alle Häuser die gleiche Grundrisstypologie auf, wobei jedes über einen kleinen zweigeschossigen Eingangskubus mit seitlichem Patio als Übergang zwischen öffentlichem und privatem Bereich erschlossen wird. ■ Der Patio ist vielseitig nutzbar und erweitert das Wohn-/Esszimmer nach außen. Im Erdgeschoss gehen die Räume ineinander über, ein „Durchwohnen" kennzeichnet die Aufenthaltsqualität.

The five different house types can be built in six rows. Each of the 30 row houses has either four or five rooms with 112 m² to 141 m² of living space. Through the modular construction, built with core house, entry and roof, all houses have the same floor plan typology, whereby each is accessed by a small two storey entry cubicle with side patio as transition between public and personal areas. ■ The patio can be used in a number of ways and extends the living and dining room into the outdoors. On the ground floor the rooms merge into each other; a „living through" is characteristic of the residential quality.

Architekten |
architects:
Architektengruppe
Trostdorf, Stuttgart

Bauherr |
builder-owner:
WHS Wüstenrot
Haus- und
Städtebau GmbH,
Ludwigsburg

Bauzeit |
construction time:
2002–2003

Foto | *photo*:
Dietmar Strauß,
Besigheim

Uhlandschule
Erweiterung

Zuffenhausen   Tapachstraße 4

Architekten |
architects:
Lamott
Architekten,
Stuttgart

Bauherr |
builder-owner:
Landeshauptstadt
Stuttgart

Bauzeit |
construction time:
2001–2004

Foto | *photo*:
Werner
Huthmacher,
Berlin

Die Uhlandschule liegt in einem Wohngebiet der 1950er Jahre und bildet mit weiteren pädagogischen Einrichtungen ein Schulzentrum. Ihre Umgebung ist geprägt von intensiver Durchgrünung. In dieser landschaftlichen Situation sind die vorhandenen Baukörper teilweise solitärhaft, teilweise als lineare Strukturen eingebaut. Die vorhandenen Baukörper der Uhlandschule umstehen einen Schulhof, bei dem insbesondere die räumliche Kontur im westlichen Bereich offen und unklar war. Die Sporthalle stand als Fremdkörper ohne räumliche Beziehungen am Rande des Schulhofs. ■ Das Raumprogramm des Erweiterungsbaus umfasst 13 Klassenräume, einen Gymnastikraum und Nebenräume. Der Entwurf verfolgte die Idee, die vorhandenen Baukörper als Raumfassungen des inneren Platzes zu begreifen, der durch den Neubau eine räumliche Abrundung erfährt. Dieser nimmt das existierende Thema der offenen Umgänge auf, führt dies im westlichen Bereich fort zu einer klaren Raumfassung für den Schulhof: Vorhandene Schule und Erweiterungsbereich bilden einen räumlich lesbaren Innenhof aus Baukörper und Laubendach.

The existent structures stood around a school yard in green surroundings, partially as if solitary; their spatial contour was open und not clear. Now 13 classrooms, a gymnastics room and ancillary rooms extend the school. Existent structures and extensions form a spatially comprehensible inner courtyard of structural bodies and alcove roof.

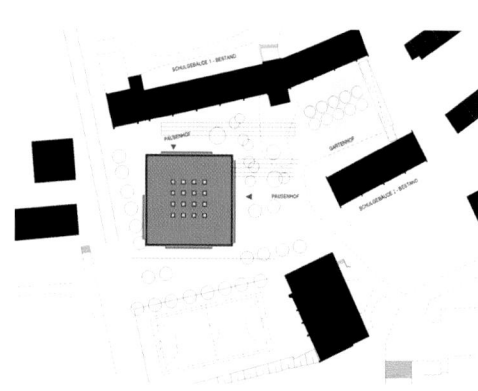

Lageplan | site plan

Wohnbebauung Im Raiser

Zuffenhausen   Dr. Gotthilf-Schenckel-Weg 1–65

Architekten |
architects:
Ackermann &
Raff, Tübingen

Bauherr |
builder-owner:
Siedlungswerk
Stuttgart
Gemeinnützige
Gesellschaft für
Wohnungs- und
Städtebau mbH,
Stuttgart

Bauzeit |
construction time:
2002–2003

Foto | photo:
Ackermann &
Raff, Tübingen

Diese Anlage mit 32 Reihenhäusern in sieben Zeilen sowie einem Geschosswohnbau ist Bestandteil eines dicht bebauten Wohnquartiers, das von der Stadt gefördert wurde und auf dem Gelände einer ehemaligen Grenadierkaserne entstand. Ein modulares Baukastensystem ermöglicht individuelle Reihenhaustypen in fünf verschiedenen Varianten und Größen. Das kompakte Grundmodul konnte je nach Nutzungsanforderung durch einen „Gartenfinger", ein Studio mit Dachterrasse oder ein zweites Obergeschoss ergänzt werden. ■ Durch die große Achsenbreite von 8,5 Metern und die geringe Haustiefe entstehen Wohngärten mit guter Aufenthaltsqualität. Zudem sind alle Aufenthaltsräume nach Süden, zum Garten hin orientiert. Für zukünftige Nutzungsänderungen besteht die Option, die Häuser in zwei getrennte Wohneinheiten zu teilen. So entstehen eine Erdgeschosswohnung mit Garten und eine Wohnung im Ober- und Dachgeschoss mit Dachterrasse. ■ Die weißen Grundbaukörper sind ergänzt mit gelb-orangefarbigen Dachgeschossen sowie hellgrau behandelten „Gartenfingern". Die rationelle, auf serielle Fertigung abgestimmte Massivbauweise führte zu vergleichsweise niedrigen Baukosten.

This site with 32 row houses is part of a residential district being promoted by the town. A building blocks system allows design of individual row house types. The compact basic module can be extended in accordance with usage requirements. For future usage changes there is the option of dividing the houses into two separate units. This leads to a flat on the ground floor with a garden and a flat upstairs with an attic and a terrace on the roof.

Kindertagesstätte Im Raiser

Dr. Herbert-Czaja-Weg 10　　　　　　　　Zuffenhausen

Auf ehemals amerikanischem Kasernengelände ist für ein neues Wohngebiet die Tageseinrichtung für fünf Gruppen entstanden. Zwei Baukörper sind aneinander gefügt: zum einen der kompakte Funktionsbau mit extensiv begrüntem Dach, der Küche, Personal- und Sanitärräume aufnimmt, zum anderen der offene Baukörper mit Gruppen- und Aufenthaltsräumen, die sägezahnartig zueinander versetzt und durch das gefaltete Dach mit großen Dachüberständen miteinander verbunden sind. Ein Mehrzweckraum ergänzt das Raumprogramm. ■ Errichtet ist das Gebäude als reine Holzkonstruktion in Ständerbauweise mit Werkstoffplatten beplankt. Alle Hölzer wurden unbehandelt eingebaut. ■ Die Farbigkeit orientiert sich weitgehend an den Materialfarben: Im Außenbereich werden diese mittels Lasurauftrag erzielt; im Innenraum beschränken sie sich lediglich auf die Beschichtungen von Türfeldern im Funktionsbau und im Fluchttreppenhaus, um dort dem Beton die Härte zu nehmen.

This day care facility for a new residential area was set up with two connected structures: a compact functional building with greenery on its roof and with rooms for kitchen, staff and sanitation followed by an open building with group and recreation rooms. ■ The complex was erected as a purely wooden construction with untreated wood. ■ The colour scheme is based on the colours of the materials. On the exterior there are colourful accents achieved with coats of translucent ink, whereas the colours in the interior are confined to those on the coatings applied to door fields in the functional building and in the emergency staircase so as to soften the effect of the concrete there.

Architekten | *architects:*
Käppel + Klieber, Stuttgart

Bauherr | *builder-owner:*
Landeshauptstadt Stuttgart

Bauzeit | *construction time:*
2002–2003

Foto | *photo*:
Christian Kandzia, Esslingen

147

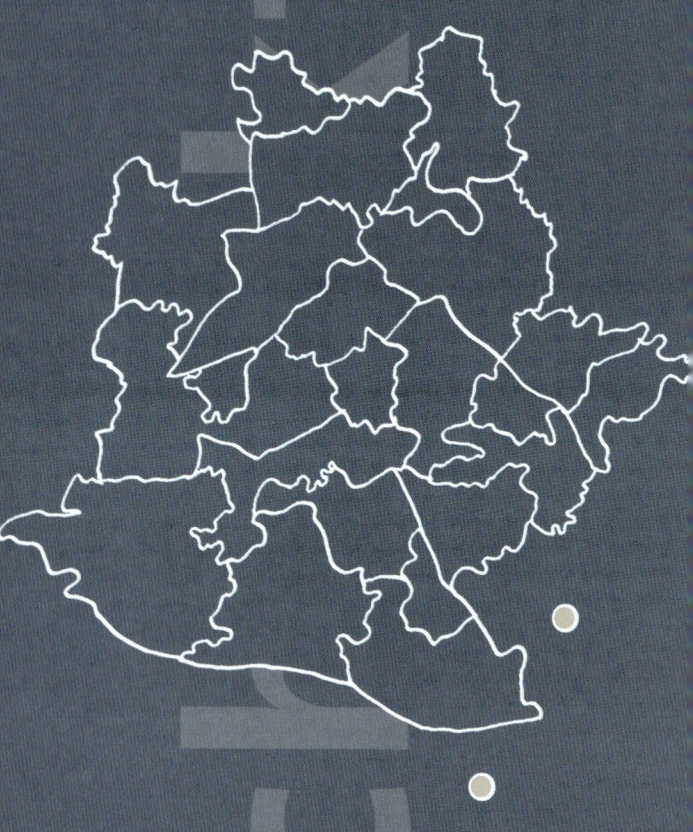

Außerhalb

Parkhäuser P2 + P4 am Flughafen und Dienstleistungszentrum Airport Office

Am Flughafen

Leinfelden-
Echterdingen

Eine der größten Infrastrukturmaßnahmen am Passagierflughafen beinhaltete den Bau von zwei neuen Parkhäusern, Technik-Einrichtungen und eines Verwaltungs- und Dienstleistungszentrums. Zentrales Anliegen war die kreuzungsfreie Strukturierung von Fahr- und Fußgängerverkehr und Parkmöglichkeiten. ■ Die Parkhäuser mit insgesamt 4.000 Stellplätzen zeichnen sich durch hohe Transparenz aus. So sind die Aufzüge, die Fußgängerüberwege und die Überdachung der Freitreppe verglast. Zudem gibt es eine Rolltreppe mit hinter Glas sichtbarer Technik. Der puren und eleganten Konstruktion der Parkhäuser sind nach außen ebenfalls verglaste, leuchtend gelbe spindelförmige Auffahrtsrampen angefügt. ■ Auf die Gestaltung der langen abgesenkten Fußgängerachse mit glasüberdachten Rollbändern wurde besonderes Augenmerk gelegt: Zwischen Brücken, Aufzügen und Treppen fließt ein kleiner Bach, flankiert von einer Baumreihe. In der Betriebsamkeit des Flughafens ist hier ein Ort der Ruhe entstanden.

One of the largest infrastructure projects at the passenger airport included construction of new car parks, technological facilities and an administration and service centre. The car parks are transparent and open – lifts, pedestrian bridges, exterior staircase and access ramps are glazed. Between them flows a stream lined with trees, a place of solitude in the midst of the airport bustle.

Architekten |
architects:
asp Architekten
Arat – Siegel &
Partner, Stuttgart

Bauherr |
builder-owner:
Flughafen
Stuttgart GmbH

Bauzeit |
construction time:
1995–2000

Foto | *photo*:
Manfred Storck,
Stuttgart

Flughafen Stuttgart Terminal 3

Leinfelden-
Echterdingen   Flughafen Randstraße

Architekten |
architects:
gmp Architekten
von Gerkan, Marg
und Partner,
Hamburg

Bauherr |
builder-owner:
Flughafen
Stuttgart GmbH

Bauzeit |
construction time:
2000–2004

Foto | photo:
Jürgen Schmidt,
Köln

Der Terminal 3 ersetzt das Fluggastgebäude von 1939
und ergänzt das 1991 ebenfalls von gmp realisierte
Terminal 1. Die für diesen so charakteristischen Ge-
staltungsmerkmale – die Baumstützen des Tragwerks
und die Toblerone, der zum Vorfeld orientierte deichar-
tige Gebäuderiegel – wurden bei der Erweiterung fortgeführt. Das Dach wurde jedoch in einzelne Shedflä-
chen aufgelöst, um bei gleicher Dachneigung, aber
verminderter Bauhöhe die Baumstruktur beizubehal-
ten. Es wird von 18 Stahlbäumen getragen. ■ Ein aus
dem Gebäuderiegel herausgeschobener Baukörper –
die Schublade – sorgt für die gewünschte größere Ge-
bäudetiefe sowie ein größeres Flächenangebot auf
der Vorfeldseite und ist räumlich mit dem prägnanten
Riegel des Hauptgebäudes verbunden, löst sich jedoch
optisch durch Glasoberlichter von diesem. ■ Zentral in
der Abflughalle sind in zwei Reihen 40 Check-in-Schal-
ter angeordnet. Vier Fluggastbrücken ermöglichen einen bequemen Einstieg ins Flugzeug. Im Vergleich zu
Terminal 1 hat das neue Gebäude großzügigere Warte-
und Stauflächen. Die Ankunftshalle verbindet landsei-
tig als Mall über 260 Meter die Terminalanlagen 1 und 3.

Terminal 3 replaces the passenger building of 1939 and
extends Terminal 1, with the latter's typical design at-
tributes being continued. However, the roof was de-
composed into individual shed surfaces so that the tree
structure could be retained with the same roof inclination but reduced building height. Lower buildings and a
larger offer of area on the front side are made possible
by a row of buildings pushed out from the body of the
construction.

Schule und Sporthalle

Gerhard-Koch-Straße 6   Ostfildern

Schulhaus und Sporthalle gehören zum neuen Stadt-
teil, der auf einem ehemaligen Kasernenareal entsteht. Die Anlage bildet den Stadtrand nach Nordosten. Dort wird der Siedlungsrand durch die gerunde-
te Form der Sporthalle geprägt. Auf der anderen Seite
ordnet sich das Schulgebäude in die rechtwinklige
Struktur der bestehenden Kasernenbauten ein. Grundriss und Schnittführung entsprechen dem Charakter
der strengen Straßenräume. Im Inneren des Schul-
baus werden die orthogonalen Straßen in Flure und
die Wohngebäude in Klassenzimmer transformiert.
Während der Charakter der Außen- und Flurwände von
Ziegelmauerwerk bestimmt wird, dominieren in den
Klassenräumen Holzoberflächen. ■ Auf dem Dach der
Sporthalle befindet sich ein Bolzplatz, dessen Spiel-
fläche am Abend von zylindrisch geformten Oberlich-
tern aus Glasbausteinen illuminiert wird. Zwischen
Sporthalle und Schulgebäude liegt der Pausenhof. Seine Fassung und Eigenart erhält er durch die plastisch
geformte Westseite der Halle und die markante Freitreppe, die nach Süden abfällt.

Schoolhouse and gymnasium belong to the new city
district on the former barracks area. The border of the
settlement is marked by the rounded form of the gymnasium and the school building fits into the right angle
structure of the existing barracks. Floor plan and profile
reflect the character of the confined street space. ■
The yard in which students take their breaks lies between the buildings. It receives its setting and character from the plastically formed west side of the gymnasium and the distinctive outdoor stairs.

Architekten |
architects:
Lederer-
Ragnarsdóttir-Oei,
Stuttgart

Bauherr |
builder-owner:
SEG Sanierungs-
und Entwicklungs-
gesellschaft
Ostfildern mbH

Bauzeit |
construction time:
1996–2002

Foto | photo:
Roland Halbe,
Stuttgart

Stadthaus und Marktplatz Scharnhauser Park

Ostfildern   Gerhard-Koch-Straße 1

Architekten |
architects:
J. Mayer H.
Architekten,
Berlin

Bauherr |
builder-owner:
Stadt Ostfildern

Bauzeit |
construction time:
2000–2002

Foto | photo:
David Franck,
Ostfildern

Im Zentrum des neuen Stadtteils liegt der Marktplatz mit dem Stadthaus. Es ist ein multifunktionales öffentliches Gebäude, das Stadtverwaltung, Bürgerservice, Stadtteilbibliothek, Städtische Galerie, Musikschule, Trauzimmer, Volkshochschule, Büroräume und einen Festsaal unter einem Dach zusammenfasst. ■ Das gesamte Haus ist als großer öffentlicher Raum konzipiert, in den einzelne Funktionen für bestimmte Anforderungen als Kernräume eingelegt sind. Um sie herum befindet sich ein fließender Kommunikationsraum für zufällige oder geplante Begegnungen. Bis zum begehbaren Panoramadach verbindet sich das Stadthaus durch Einschnitte und Terrassen mit dem Außenraum – eine strategische Erweiterung des Raumprogramms. Von der leuchtenden Unterseite des Vordachs tropft ein computergesteuerter künstlicher Regen, durch den man zum Eingang gelangt. Beim Wind-Licht auf dem Marktplatz bewegen sich die hängenden Lichtsträngen und projizieren ein Punkteraster auf den Boden. ■ Mit Stadthaus und Marktplatz wurde ein Prototyp entwickelt, der exemplarisch die Gleichzeitigkeit des städtischen Lebens im realen, medialen und virtuellen öffentlichen Raum umsetzt.

The city house is conceived as a large public space in which individual functions for certain requirements are embedded as core rooms. Computer controlled rain drips from the canopy. Hanging strands of light move over the market square and project a grid onto the ground. Here, a prototype has been developed. It depicts the simultaneity of urban life in real, medial space and in virtual public space.

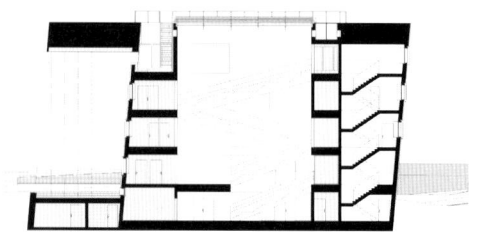

Schnitt | section

Architektenregister | Index of architects

Objektregister | Index of projects

Hinweis: Die farbigen Zahlen verweisen auf die Zuordnung im *Architekturstadtplan Stuttgart*, der viele der hier vorgestellten Projekte verzeichnet (vgl. Eigenanzeige des Verlags in diesem Band).

Notice: the coloured numbers refer to the index of the *Architekturstadtplan Stuttgart* in which many of the here presented projects are registered (see advertisement of Verlagshaus Braun in this volume).

Die Reihe
zu neuer Architektur

„Schluss mit dem ahnungslosen
Gerenne durch die Stadt"

Stern

Nicolette Baumeister
Architektur neues
München
ISBN 3-935455-50-X
€ 14,95 (D)|sFr 23,10

Iris van Hülst
Architektur neues Hamburg
ISBN 3-935455-57-7
€ 14,95 (D)|sFr 23,10

Nicolette Baumeister
Architektur neues Bayern
ISBN 3-935455-76-3
€ 14,95 (D) | sFr 23,10

Mark Steinmetz
Architektur neues Wien
ISBN 3-935455-94-1
€ 14,95 (D)|sFr 23,10

· **kompakt**
· **informativ**
· **komplett vierfarbig**

Verlagshaus Braun

Diese Bände erhalten Sie im Buchhandel oder
unter: www.verlagshaus-braun.de

Carola Franke-Höltzermann M. A., Jahrgang 1954, studierte von 1974 bis 1980 Kunstgeschichte, Germanistik und Empirische Kulturwissenschaften an der Universität Tübingen. Von 1980 bis 1988 arbeitete sie als wissenschaftliche Angestellte in der Inventarisation beim Landesdenkmalamt Baden-Württemberg, Außenstelle Tübingen. Im Architekturbüro Behnisch & Partner, Stuttgart war sie von 1991 bis 2003 im PR-Bereich und im Archiv tätig, daneben freie Mitarbeiterin im Juniorbüro. Veröffentlichungen und Kuratorin von Ausstellungen. Seit 2005 ist sie selbständig mit der Agentur Architektouren Stuttgart.
(www.architektouren-stuttgart.de)

Prof. Dr. Werner Durth, Jahrgang 1949, studierte Architektur und Stadtplanung in Darmstadt sowie Soziologie und Philosophie in Frankfurt am Main. Nach Professuren in Mainz und Stuttgart lehrt er seit 1998 Geschichte und Theorie der Architektur an der Technischen Universität Darmstadt. Er ist Verfasser zahlreicher Publikationen zur Geschichte der Architektur und Stadtplanung im 20. Jahrhundert.

Carola Franke-Höltzermann Master's degree, born 1954, studied Art History, German and Empirical Cultural Sciences at the University of Tübingen from 1974 until 1980. She worked as a research fellow in the Inventarisation sector at the State Office for Historical Monuments of Baden-Wurttemberg, in the Tübingen branch from 1980 until 1988. She worked in the Architekturbüro Behnisch & Partner, Stuttgart from 1991 until 2003 in the PR sector and in the archiving sector, in addition she worked as a freelancer in the junior office. PShe has produced publications and has been a curator of exhibitions. She has been working as a freelancer with the Architektouren Stuttgart agency since 2005.
(www.architektouren-stuttgart.de)

Prof. Dr. Werner Durth was born in 1949 and studied architecture and town planning in Darmstadt as well as sociology and philosophy in Frankfurt am Main. After professorships in Mainz and Stuttgart, he has been teaching history and theory of architecture at the Technical University Darmstadt since 1998. He is the author of numerous publications about architecture and urban planning in the 20th century.

Die Deutsche Bibliothek verzeichnet diese Publikation in der Deutschen Nationalbibliographie; detaillierte bibliografische Daten sind im Internet abrufbar über http://dnb.ddb.de

ISBN 3-935455-89-5

© 2006 by Verlagshaus Braun
www.verlagshaus-braun.de

Redaktion: Franziska Nauck, Carola Franke-Höltzermann
Redaktionelle Mitarbeit: Corinna Schroeder
Übersetzung: Fremdspracheninstitut Dresden
Grafikkonzept: Michaela Prinz, Berlin
Grafik und Umschlaggestaltung: Andreas Langner, Berlin
Titelfotos: Roland Halbe, Stuttgart